50歳からの読書案内

中央公論新社編

中央公論新社

Q

「人生一〇〇年時代」、五〇歳は後半戦のスタート地点です。五〇歳以降に読んだ印象深い本、あるいは若い時に出会い今も読み返している大切な本を教えてください。

目次

Ⅰ 途上――折り返し地点をこえて見えるもの

II 道標――人生の転機にノウハウ本は役立たない

III 冒険――世界への窓はいつでも開いている

IV 再読――二度目からが本当の読書である

V 再発見——その本は見事な変身をとげた

装幀　中央公論新社デザイン室

50歳からの読書案内

Ⅰ　途　上——折り返し地点をこえて見えるもの

深い感銘を受ける〝ほぼふつう〟の生涯

――森鷗外『渋江抽斎』

藤森照信

〝ほぼふつう〟と称していいような人物の生涯をたどって深い読後感を与えることができるなんて、この本を読むまで思いもよらなかった。

主人公の渋江《しぶえ》抽斎《ちゅうさい》は、弘前は津軽藩の藩医を務めるかたわら、中国の古書を集めて『経籍訪古志《けいせきほうこし》』を誌したものの国内では出版できず、その内容を惜しんだ中国人の手で刊行された。後世に伝わる人生の事績はこの一冊しかないが、たまたまこの一冊を手にした森鷗外が、〝医〟と〝本好き〟の二点に自分との共通性を覚え、忘れられた生涯を掘り起こしてゆく。

当時の先端的文学者であった鷗外がなぜ歴史という死者の領分に転じたかについて、その文章の題材を、種々の周囲の状況のために、過去に求めるようになってから、

わたくしは徳川時代の事蹟を捜《さぐ》った

と述べていることから知られるように、明治期を通して公的にも社会的にも名士となった鷗外には時代の先端をナマナマしく扱うことができなくなり、現代から過去へ、生者から死者へ、とテーマを変えた。内発的にテーマを変えるならともかく、外圧（周囲の状況）によって変えるなんて近代の文学者としては恥ずかしいはずだが、そのことをサラリと書くところに、漱石や藤村とは違う鷗外の人間観がにじむ。

抽斎の「徳川時代の事蹟」を調べてゆく過程を延々と一一九章に分けて綴るだけだが、しかし退屈はしない。探る途中で、東京に今も続く地名が「津軽家の上屋敷が神田小川町から本所にされたのは」というように登場するのも効いているし、抽斎の縁者のそのまた縁者や、知人のそのまた知人まで広げて探っているから、何百人もの登場人物の中には伊沢蘭軒や安積艮斎《あさかごんさい》や谷文晁《たにぶんちょう》のような歴史上の有名人も顔を出し、時代と人物の間のピントが一瞬だけ合う。

ピントの合う人物は少数だが、ピントの合わせようもない大多数の人々についても輪郭がボケたりはしない。たとえば市井のお菓子屋について一章を当てて次のように綴る。

真志屋五郎作は神田新石町の菓子商であった。（中略）巷説《こうせつ》には水戸侯と血縁があるなどといったそうであるが（中略）わたくしはただ風采《ふうさい》がよかったということを知っているのみである。保さんの母五百《いほ》の話に、五郎作は苦味走ったよい男であったということであった。

鷗外は自分で訪ねて会った保さんの思い出話から五郎作について書き、この描写によって一菓子商の像が読者の内にきっちりと定着する。

小さな出来事の周りに集まる大量の人物を延々と綴りながら、しかし退屈感も飽食感も湧かないのは、その文体にある。対象の内面に深入りするのも、自分の内面を見せることも極力避け、漢字を多用して事実を淡々と綴る文体は、漢文の素養が下支えしている。たとえば、渋江家の祖の允成《ただしげ》に仕えていた一人の女性について、

当時津軽家に静江という女小姓が勤めていた。それが年老いてののちに剃髪して妙了尼《みょうりょうに》と号した。妙了尼が渋江家に寄寓していたころ、おかしい話をした。それは

允成が公退したあとになると、女中たちが争ってその茶碗の底の余瀝《よれき》を指に承《う》けて舐《ねぶ》るので、自分も舐ったというのである。

鷗外は、配下の女性に手を出さなかった主人の允成の謹厳さを直接書くのではなく、老女の回想を漢文口調で差し込むことでなしている。

硬さを特性とする漢文調は、対象との距離をコントロールしやすい分だけ歴史の叙述にはふさわしい。漢文調とまではいえないが司馬遼太郎の『坂の上の雲』の魅力も、文の硬度にあるだろう。この伝統の元をたどると、話の面白さを旨とする落語でも人情の機微に訴える浪花節でもなく、過去の史実を元にした講談に発し、鷗外の史伝さらに中島敦の『李陵』を経て、司馬遼太郎の仕事にいたり、現代の神田伯山まで続く。もし鷗外の史伝がなければ、日本の近代文学はヨーロッパ系の内容と文学だけに納まり、ずいぶん深みの欠けたものになっていただろう。

ほぼふつうの人物の生涯をたどって何が深い感銘を与えるかについて改めて考えると、〝時間が確かに流れた〟と感じさせることではないか。五〇歳を過ぎたあたりから、時間の流れに人は敏感になる。誰の上にも同じように流れる時間という目にも見えず体でも分からないものを、鷗外は文を通して読者に伝えることに成功した。

（ふじもり・てるのぶ　建築史家、建築家）

森鷗外『渋江抽斎』中公文庫、一九八八年ほか

大人のための成熟の物語

——森鷗外「じいさんばあさん」

関川夏央

文化六（一八〇九）年四月、旧暦ではもう晩春である。江戸・麻布龍土町は、明治に歩兵第三連隊の用地となり、第二次大戦後にはアメリカ軍が通信基地として運用しているあたりだが、その武家屋敷内に新築された隠居所に爺さんが一人入った。少し遅れて婆さんがやって来て、二人で、いかにも隠居らしく穏やかに、また気楽に暮らし始めた。爺さんは美濃部《みのべ》伊織《いおり》といって七二歳、婆さんはその妻るん、七一歳であった。

「この翁媼《おうおん》二人の中の好いことは無類」だが、「隔てのない中《うち》に礼儀があって、夫婦にしては、少し遠慮をし過ぎているようだ」と近隣の人々は噂した。そう鷗外は書いている（森鷗外「じいさんばあさん」）。

爺さんの日常はこんなふうであった。

「眼鏡を掛けて本を読む。細字で日記を附ける。毎日同じ時刻に刀剣に打粉《うちこ》を打って拭く。体《たい》を極《き》めて木刀を揮《ふ》る」

婆さんは、ままごとのような家事仕事の隙を見て爺さんの傍《そば》に寄り、「団扇《うちわ》であおぐ」。すると爺さんは「読みさした本を置いて話をし出す。二人はさも楽しそうに話すのである」。

誰もが憧れる、それでいて実際にはなかなかなりがたい老夫婦の落着いた間柄の描写がここにある。

その年の暮、婆さんが一一代将軍家斉の褒賞を受け、銀一〇枚をくだされた。これはどうしたわけかと、近所の者たちの驚きはひとかたならなかった。

二人がいっしょになったのは明和四（一七六七）年、伊織三〇歳、るん二九歳のときで、当時としては異例に遅かった。るんが一四歳から尾張中納言家江戸屋敷の召使となって、すでに屋敷内で重きを得ていたからである。

美人とはいえなかったるんは「調法に出来た器具」にたとえられる。

「体格が好く、押出しが立派で、それで目から鼻へ抜けるように賢く、いつでもぼんやりして手を明けていると云うことがない」

夫婦仲はよかった。夫と義母を大切にしたるんは三三歳で男の子を生んだ。

明和八（一七七二）年といえば、杉田玄白、前野良沢らが、いっさいのオランダ語知識なしに、むろん辞書もなしにオランダ語医書の翻訳を志した年、すなわち日本人の科学知識への欲求がひそかに爆発した年である。その年、伊織は主人の京都勤めに従って上京した。そして京で気に入った刀を見つけたので思い切って買った。一五〇両というのを一三〇両まで値切り、足りない三〇両は借りた。

借りた相手は同輩であったが、あるとき貸し金をタテにとって許しがたい無礼なふるまいにおよんだので、伊織は貸し手を斬った。同席者たちが相手の非の証人となったものの、先に抜刀したのが伊織だということもまた争われない事実であった。伊織は越前丸岡に「永の御預《おあずけ》」となった。終身軟禁処分である。

この間るんは、せっかく得た息子を安永四（一七七五）年、数え年五歳のとき、はやり病で亡くした。そのあと、物慣れた女中をもとめていた筑前黒田家江戸藩邸に勤め、三一年におよんだ。文化五年に隠居して故郷安房に引っ込んだが、同六年、伊織が恩赦を受けて江戸に帰ったと聞き、自分も江戸に出て夫と三七年ぶりに再会した。

それだけの話なのだが、大人にはわかる。大人を超えて老いに至ると、しみてくる。それは、恋愛欲、性欲、自己主張欲、それに競争意識など、中年期までの社会生活で骨がらみとなったものの厄介さが、この短い物語で客観されるからだろう。また、それらから自由になったその先の生の短さが予見されるからだろう。

若年時、ベルリンにおける恋愛の相手を日本に呼びよせるという事件を起こし、陸軍当局に出す「始末書」を兼ねた文学『舞姫』を二七歳で書いた鷗外は、大正四（一九一五）年五三歳で、この大人のための小さな物語を書いた。成熟とは、こういう書きものをいうのだと思う。

（せきかわ・なつお　作家、評論家）

森鷗外「じいさんばあさん」：『阿部一族・舞姫』新潮文庫、二〇〇六年ほかに所収

作者に愛された一冊

――夏目漱石『硝子戸の中』

北村　薫

源平時代の武将の子は、今の小学生くらいの年齢で初陣をすることがありました。一方、戦後、大学生が幼児化した――といわれたりもしました。明治時代の新聞記事には、四〇過ぎの老婆――と書かれていたりします。今、そんなことをいったら怒られるより先に、おかしなことをいう、と思われてしまいます。昔と今とでは、年齢に関する感覚が全く違います。昔の人は、それだけ早く老成したわけです。

夏目漱石は、大正五年、満四九歳で旅立ちました。それで、あれだけの仕事をしたわけですね。

漱石なら、多くの人が読んでいる。高校の教科書には、よく『こころ』が載っています。そして、『坊っちゃん』『吾輩は猫である』『三四郎』……といった小説までで、『硝子戸の中《うち》』を手に取っていない方も、多いのではないでしょうか。

これは大正四年に書かれた、小品集です。四八歳――と年を数えるより、最晩年の作品と考えるべき本です。それだけの深さを持っています。

岡本太郎の父、一平に『漱石先生のある図』という絵と文があります。「例の『硝子戸の中』の陽のかん〳〵当る、縁側へ机を持出して羽織を冠つて執筆して居られた」という、まさにその姿が描かれています。昔は、冬ともなれば、家の中でも氷がはることがありました。寒かった。風邪を引いた漱石は、そうやって、文章を書き綴っていたのです。

内容は多彩です。わたしが好きなのは、巻末に近く、子供の頃の思い出を語ったところです。

二階でたった一人で昼寝をしていた漱石は――というより金之助は夢を見ます。大変な額の、ひとのお金を使ってしまった。どうしようと苦しみ、大声で母を呼びました。すぐに二階に上がって来てくれた母は、子供の話を聞き微笑します。そして、いいました。

「心配しないでも好いよ。御母《おっか》さんがいくらでも御金《おかね》を出して上げるから」

救われた金之助は、すやすやと寝入ることができました。

漱石が書かなければ消えてしまう、遠い日のことです。それを読む我々もまた、幼な子にかえり、母の大いなる声にくるまれ、ほっと息をつきます。自分の育った家の、畳や柱や天井の様子がよみがえってくるような気になります。

吹き出すような出来事、何でもない日常のこと、犬のこと猫のことなどが語られます。中でも、心に残るのは、夏目家を訪ねて来た女の話でしょう。何度目かに女は、自分のことを話し出します。悲痛を極めた経験でした。そして、聞きます。

「もし先生が小説を御書《おか》きになる場合には、其女《そのおんな》の始末を何《ど》うなさいますか」

私は返答に窮した。

「女の死ぬ方が宜《い》いと御思《おおも》ひになりますか、それとも生きてゐるやうに御書きになりますか」

深夜の、月光の道を帰る女を送る漱石。そこでのやり取りまで、忘れ難い場面が続きます。
この本は最初、漱石自装の小型本として世に出ました。函つき、天金、朱色の表紙の美しい本です。復刻本で、それを手にする時、作者に愛された一冊なのだな――と思います。

（きたむら・かおる　作家）

夏目漱石『硝子戸の中（復刻版）』日本近代文学館、一九七五年
※現在は岩波文庫、一九九〇年ほか各社文庫で読むことができる

中年以降にわかる切実さ
――林芙美子『晩菊』

平田俊子

一九九〇年代の終わり頃、テレビで『晩菊』の舞台を観た。主演は杉村春子さん、相手役は確か江守徹さんだった。『晩菊』は、若い頃芸者をしていた女性の家に、昔の恋人が訪ねてくる話だ。その頃杉村さんは八〇代ぐらいで、江守さんは五〇代ぐらいだったから、高齢者のラブストーリーなんだなと思った。好きだった人の訪問を前に杉村さんの心は浮き立つ。いくつになっても恋愛は人の気持ちを騒がせるものなのかと感じ入った。

原作は林芙美子の同名の短編だ。後日わたしは『晩菊・水仙・白鷺』という短編集を買った。小説と舞台はいろんなところが違っていた。そういうことはよくあるが、杉村春子が演じた女性は原作では五六歳だった。違いすぎるやないかい。

まあそれはともかく、主人公のきんは小さい頃に秋田から東京の裕福な家にもらわれてきた。評判の美少女に育ったが、やがて家が傾き、出入りしていた男に犯されてやぶれかぶれで芸者になった。美人だから人気が出て、客のフランス人に「日本のマルグリット・ゴオチェ」(「椿姫」ですね)と呼ばれたりもする。

五〇歳になったとき、きんはパトロンと別れ、義理の妹夫婦が営む学生下宿に部屋を借りる。その家に下宿していた田部と知り合い、深い仲になる。親子ほどトシが離れているのに、ですよ。

二人が出会ったのは太平洋戦争が始まった頃だ。田部はその後ビルマに行き、戦後復員するときんの家に向かう。すっかり老け込み、前歯が抜けている田部を見てきんは失望する。意外に冷たい。一年もしないうちに田部は立派になってきんの前に現れ、近々結婚することを報告する。

さあ、そんな田部から電話があり、その日の夕方に来るという。一年ぶりの再会だ。きんは風呂屋に急ぎ、帰ってくると冷蔵庫の氷で顔をマッサージする。その他あれやこれやと美顔術をほどこす。

「別れたあの時よりも若やいでいなければならない」と思う一方で、「田部は、思い出に吊られて来るだけだ。昔のなごりが少しは残っているであろうかと云った感傷で、恋の焼跡を吟味しに来るようなものなのだ」ときんは冷静だ。

いざ田部に会うと、昔のようには心が燃えない。田部はきんに金を無心する。訪問の目的はそれだったのだ。何としても借りようとする田部と、拒絶するきん。田部はきんのことを「たかが虫けら同然の老女ではないか」と思い、きんは田部のことを「つまらぬ男になりさがったものだ」と思う。それでいて表面的には楽しそうに会話を続ける。そのあたりが何ともスリリング。田部の要求をはぐらかすきんには百戦錬磨の貫禄がある。

田部にはモデルがいるとどこかで読んだ。きんには恋多き女だった芙美子が反映されているのかもしれない。「金のない男ほど魅力のないものはない」というきんの言葉には、芙美子が子どもの頃から味わってきたお金の苦労がしのばれる。

きんの家は沼袋にある。芙美子が当時暮らしていた西武新宿線の中井の二駅先だ。初老の女性がひっそり住むのに似合いの場所をうまく選んだと思う。

きんは電話つきの家を買ったが、そういう売り方をする家が当時あったのだろうか。電話はあってもこの家に風呂はない。冷蔵庫は電気ではなく、氷で冷やすアイスボックスかもしれない。などなど小説の細部にも興味がわく。

若い人同士の恋愛とは違う『晩菊』。タイトルからして侘しい。女の老いやお金という現実的な要素を盛り込んだこの小説は、中年以降に読むと切実さがより伝わると思う。『晩菊』を発表した三年後の一九五一年に芙美子は四七歳で急逝した。きんのトシになる前に。五〇代を体験する前に。長生きしたらどんな作品を書いただろうと思わずにはいられない。

（ひらた・としこ　詩人）

林芙美子『晩菊・水仙・白鷺』講談社文芸文庫、一九九二年

歳を重ねて気づいた文章の魅力

──『芥川竜之介紀行文集』

保阪正康

私の読書歴をふり返ると、小学校の高学年になって子供向けの小説、評伝などに厭き、父親の本棚の全集に手を伸ばして、武者小路実篤や芥川龍之介、さらに伊藤左千夫などを読むようになった。

私は芥川の作品が好きで、分かっても分からなくてもとにかく読んだ。中学生の時に手にした『河童』は、特に、分かったような分からないような気持ちになった。生まれてくる時、この世に生まれてきたいか否かを事前に実際に確かめるとしたら、自分の出生に自分が責任を持つことになるのだろうか、と思ったりもした。

高校時代、私は極めて内向的であった。周囲は懸命に受験のために勉強の日々を過ごしているというのに、私ときたら小説を読んだり、脚本を書いてみたり、好き勝手な生活をしていた。そんな時も純文学の作家を中心に、小説類はよく読んだのである。気軽に読みたい時は、大体が芥川の作品を手に取った。また夏目漱石、森鷗外などは言うに及ばず、新感覚派やプロレタリア作家まで手に取った。そのうち社会科学系の書を少なからず読むようになったが、こちらは読書を深めるほどには至らなかった。

少年期にはこうした読書傾向を持ち、そして青年期、壮年期には一般書や歴史書を読んだことになる。むろんその間に、ベストセラーの書も読んだりと、とにかく本を離さない生活を送ってはきた。そこで感じたのは、読書には、年代に応じての関心事を満たすための書、あるいは職業上の必要から読む書、そして自らの生き方を確認するために読む書、という三つ役割があるのではないか、ということである。

私の場合、五〇代からの読書は、自らの生き方を確認するための書が多かったように思う。それと少年期に読んだ作家でも、その頃には関心を深めなかったが、高齢になって改めて読んで感動するというケースもあった。そういう作家が何人かいるのだが、ここではやはり、あえて芥川龍之介をあげておきたい。

芥川のエッセイや紀行文は、少年期には読んでいなかった。ところが全集などでこうしたジャンルの作品を読んで、改めて芥川の文章の先天的才能に驚かされた（今は岩波文庫から『芥川竜之介紀行文集』山田俊治編として刊行されている）。文章に惹かれるだけでなく、文章の持つイメージの無限の広がりに、高齢であるだけに感嘆する。私は五〇歳を過ぎたなら、こうした作家の名文に親しみ、その才能を受け止める余裕を持ってほしいと思う。老いても感性を持続させる道である。

これらの紀行文は、いずれも芥川らしく、長編としては書かれていない。まるでエッセイのような趣である。例えば一九一八年七月二二日、二九日に『大阪毎日新聞』に書いた「京都日記」では、宿が分からず戸惑っている車夫の様子を書きながら、京都の街に多い竹藪について描写している。その竹藪についての芥川の筆が感動させる。

「不思議に京都の竹は、少しも剛健な気がしない。如何にも町慣れた、やさしい竹だと云う気がする」

などの表現は、高齢に差しかかる世代にはよくわかる実感なのである。

芥川には、中国を新聞社の海外視察員として見て回った紀行文もある。これは『支那游記』として一冊にまとめられている（前述『芥川竜之介紀行文集』にも収録）。この紀行文は文体の上でも幾つかの新しい試みを行なっている。そうした試みを読み解くのも読書の楽しみであろう。

芥川は日本語の流れを時代の中で受け止め、それをさらに自らの感性と才能によって独自の文体として作り上げる途次だったのであろう。その志の半ばで死を選んだのは、時代を予兆していたのだろうか。暴力に憎悪を持っていたこの作家は、明らかに軍事の暴力とロシア革命以後の左派の革命暴力を予感し、そして恐怖をも味わっていたのだと思う。

老いると、それが理解できるのだ。

（ほさか・まさやす　ノンフィクション作家）

山田俊治編『芥川竜之介紀行文集』岩波文庫、二〇一七年

内田百閒を超える阿呆を目指せ
――伊藤礼『こぐこぐ自転車』ほか

宮田珠己

三〇代の頃、一か月あまり入院したことがある。その際、せっかくだからこの機会に長編小説を読もうと考え、中国の四大奇書や四大名著などと呼ばれる『紅楼夢』と『金瓶梅』を読破した。体調が悪いながらも数日間小説世界にどっぷりと浸かることができたのは幸運だった。どこも悪くなくてももう一度入院したいと思ったほどだ。

味を占めた私は、中年、熟年、老年とこれから歳を重ねていくことを考えると、いつまた長期で入院するようなことがあるかもしれない、そのときのために長編小説をストックしておかねばと思い、『失われた時を求めて』や『大菩薩峠』さらには『収容所群島』を全巻買い揃え、その日に備えたのである。

ところがその後長期で入院することは一度もないままに、齢五〇を超えてしまった。買い揃えた文庫本はだんだん黄ばみはじめている。

いい加減真剣に入院を考えなくてはいけないが、少々困惑しているのは、気がつくと当時はぜひ読みたいと買い揃えた三つの長編小説に興味がなくなってきたことである。

どれも超のつく名作だということはわかっているのだが、名作すぎてかえって面倒な気がしてきた。『失われた時を求めて』はどんな話かよく知らないけど深い話であるらしい。『大菩薩峠』も単なるチャンバラ娯楽小説ではなく、後半は哲学的様相を呈してくるという。

読んでみればきっと人生への深い洞察が得られたりするのだろう。それは素晴らしいことであり、それこそが読書の醍醐味とも言えるが、正直、私はもう人生への深い洞察はいらない気がする。

人格的に十分成長したと言いたいのではない。むしろ逆で、人生も半ばを過ぎ、いかに自分が俗物であるか自覚したのである。なので『失われた時を求めて』よりは、たとえば中国の四大奇書のなかでも『西遊記』のような楽しい小説が読みたい。『収容所群島』なんか読んだら、どう考えても気持ちが沈みそうだ。

実は数年前からすっかりハマって何度も読み返している本がある。

伊藤礼『こぐこぐ自転車』にはじまる自転車エッセイ三部作である。私は内田百閒が大好きなのだが、伊藤礼の自転車三部作は、『阿房列車』三部作に肩を並べるほどの阿呆エッセイである。

著者が自転車に乗りはじめたのが六八歳で、その後八〇歳を超えるまで自転車であちこち出かけまくった記録であることも、これから否応なく老年へと突入していく今の気分に合う。北海道へ遠征したり、箱根を越えたり、渥美半島や山陰を走ったりと、積極果敢に自転車ライフをエンジョイしている伊藤翁だが、心身壮健かというとまったくそんなことはなく、途中で心臓が九・六秒間止まって気を失ったりしている。それでも心臓にペースメーカーを埋めて自転車を再開したというから、体力の衰えを日々実感している今読むととても勇気づけられる。

病み衰えた体で自転車を漕ぐ姿は颯爽というにはほど遠く、書かれている内容のくだらなさたるや内田百閒をしのぐほどだ。漕ぐほどにパンツがお尻の穴に吸い込まれていくと悩み、距離メーターの数値をきりのいい数字にすることへの執着など、実にどうでもいいことを書き綴っていて、つい笑ってしまう。

「連日の猛暑だ。カンカン照りである。新聞やテレビは老人が熱中症でどんどん倒れているという。倒れているだけでない。死んでいるという。」（『大東京ぐるぐる自転車』）

本人にはいろいろと苦悩がありながらも、それもこれも突き放してユーモアエッセイへと昇華する手腕は、英文学者の面目躍如といったところだろう。『自転車ぎこぎこ』『大東京ぐるぐる自転車』と続く三部作の人を食ったようなタイトルも、安直すぎて実にしっくりくる。

自分もこんなふうに歳をとりたい。長期入院はやめることにする。人生の終盤へと向から五〇代でこれらの本に出会えたのは幸運であった。

（みやた・たまき　作家、エッセイスト）

伊藤礼『こぐこぐ自転車』平凡社ライブラリー、二〇一一年
※現在は電子書籍で読むことができる
同『自転車ぎこぎこ』平凡社、二〇〇九年
同『大東京ぐるぐる自転車』ちくま文庫、二〇一四年

後半戦は〝耕さなくていい〟

――ゲイブ・ブラウン『土を育てる』

養老孟司

ここ数年で読んだ本のなかで、とくに印象深い一冊です。舞台はアメリカのノースダコタ州。大学で農業経済学と畜産学を学んだ著者は、卒業後じっさいに農業に従事するも、四年連続で凶作に見舞われ、それまでのやり方の転換を迫られる。試行錯誤の末、「不耕起」、つまり土を耕さずなるべく自然に近い状態にし、土の中の生態系を回復させる手法に行き着く。この本にはその過程が描かれています。

「自然農法」というとストイックな理想論になりがちというイメージがありますが、この本の良いところは、信念などでなく、経済的な成功を目標にしている点。近所の農家とわたりあって採算が取れるようにし、子や孫の代にいかに引き継いでいけるかを現実的に考えている。失敗談から始まるのもいい。そういう点でアメリカらしい成功物語でもあります。

農業には、環境問題との関連から長年関心を持っていました。もう二〇年以上前でしょうか、推理小説を読んでいたら、アメリカ中西部のトウモロコシ畑で表土が流れてしまうという話が出てきた。土地の持ち主はマフィアで、その利害をめぐって事件が起こるのですが、推理小説に書かれるくらいアメリカの農地問題は深刻なんだなと思った。じっさい乾燥地帯では地下の「化石水」をくみ上げてスプリンクラーで撒いているんですが、これは石油と同じでいずれなくなってしまう。そんなやり方で農業がいつまでも続けられるわけがない。米国産トウモロコシは日本の家畜の飼料にもなるわけですから、他人事ではないのです。

この本の口絵に、水が澄んだ川の写真があります。川のこともずっと気にかかっていた。旅をしていると世界中の川が泥色なんです。高校生の頃だったか、屋久島はあれだけ雨が多いのに川が濁らないと聞いて、では逆に濁るのはなぜなのかと考えてきた。仕方がないことなのかと思ってきたけれど、この本を読んで、土に団粒構造という保水力のある状態を保持しておけば泥が溶けて流れることはないのだなと分かりました。

こうしてみると、だいたい僕の興味の対象は昔から変わっていない。

農耕の歴史は一万年と言われていますが、農業と称して一万年も人は地面を壊し続けてきたわけです。一万年やっていることでも信用できるとは限らない。おかしなことは変えてもいい。

これをちょっと身近なことに置き換えてみると、みなさん真夏に冷房完備のオフィスで朝から晩まで仕事をしているけど、もういいかげんにやめたっていい(笑)。「働かない」とか「放っておく」というのは、日本人は苦手です。「耕しすぎる」傾向にある。そうしてないと怖いから。でも土地に限らず、そろそろ様々なことを放っておいていいのではないか。

そういう意味で、五〇歳以上の人がこの本から学べることは多いでしょう。無理をしない、自然にまかせる。自然に対してもう少し親しい関係をつくる。そういうことが農業を例にして書かれている。この生き方は非常にいいなあと思います。

どうしても若くて元気なうちはせっせと耕してしまいます。でも歳を重ねるとだんだんと力の抜き方がわかるようになる。僕だって、もちろん若い頃は耕していました。それが五〇歳くらいになって執筆の仕事が増えてきた。大学でいわゆる研究生活をしているとそういう仕事はできない。だから別の見方をすれば、研究からは半分引退したような気持ちになりました。

この本の口絵の、ジャガイモの写真が非常に気に入っています。種芋を転がしておいて埋めることもせず、ちょっと干し草をかぶせておく。「収穫時期がきたら、干し草をめくるだけ。土を掘る手間ゼロ！」なんて、キャプションもふるっている。訳者も楽しんで言葉を選んでいます。

僕がもっと若かったら、いわゆる僻地で、不耕起で農業をやってみたい。ジャガイモを転がしておいて、若い人に「こっちは俺の畑だから、耕しちゃだめだぞ」という。面白そうでしょう。

〔談〕

（ようろう・たけし　解剖学者）

ゲイブ・ブラウン著、服部雄一郎訳『土を育てる――自然をよみがえらせる土壌革命』ＮＨＫ出版、二〇二二年

病を得た作家の心の道のり
――西加奈子『くもをさがす』ほか

俵 万智

自分の五〇代を、ざっくり振り返ってみる。子育てが一段落し（息子が大学生になって一人暮らしを始めた）、それなりの老いと病に直面し（食道に腫瘍が見つかったり、信じられないことだが、それでお酒をやめたり）、高齢の両親（父は九〇歳、母は八六歳）のサポートのため仙台に引っ越した。

子育てが生に向き合うことだとしたら、親との暮らしは死に向き合うことだろう。「生老病死」とは、人間の苦を表した仏教用語だが、自分にとっては五〇代のストーリーを端的に示す四字熟語のように感じられる。決して「苦」ばかりではないが、まあ一気に押し寄せてきたなあとは思う。

西加奈子著『くもをさがす』を手にとったのは、悪性リンパ腫を退治するために放射線治療をしていた春だった。帯には、こうある。「カナダで、がんになった。あなたに、これを読んでほしいと思った。」

　家族とともに留学していたカナダのバンクーバーで、乳がんと診断された著者の、治療の日々を綴ったノンフィクションだ。蜘蛛に噛まれることから始まる病の発覚の経緯。バンクーバーの医療従事者の素晴らしさやユニークさ（ちょっと困った点も含め）。家族やママ友をはじめとする周囲の人たちとの結束。そして何より、自分の体のボスは自分であることを確信する西さんの心の道のり。すべてが生き生きとユーモアを交えて語られ、ページをめくるほどに沸々と温かい力が湧いて来る。

　読み終えて、つくづく人生は「何が起こるか」よりも、それを「どう感じるか」だと思った。その「どう感じるか」に、人生は有限だという実感が伴うのが、折り返し地点を過ぎた年代なのだろう。

　人生八〇年、長くみて一〇〇年。自分自身も五〇歳を過ぎたあたりから、残り時間が輪郭のあるものになった。たとえば二〇歳なら、残りの六〇年、八〇年は未知の長さだ。有限であることは頭ではわかっていても、肌感覚ではピンとこない。けれど、五〇年生きてきた者にとって、三〇年や五〇年は「知っている」長さである。

　読書について言うと、同い年の歌人の穂村弘さんが「自分は、あの名作を読まずに死ぬのかもしれないと思うようになった」と言うのを聞いて深く頷いた。「若いときは、今はまだ読んでいないだけ」と思っていたと。

いつかまたいつかそのうち人生にいつか多くていつかは終わる

とはいえ、両親の年代とは違って「昨日今日とはおもはざりしを」であることもまた事実である。そんな自分に、しーんと透明な重さのかたまりを手渡してくれたのが山本文緒著『無人島のふたり――120日以上生きなくちゃ日記』だ。

山本さんの訃報は『くもをさがす』にも出てくる。「10月18日　山本文緒さんが亡くなった。膵臓がんとのことだった。山本さんにはお会いしたことがない。お会いしたかった。新作を読みたかった。」とあり、すでに『無人島の……』を読んでいた自分は、長くそこで手をとめた。

山本さんは、私と同じ一九六二年生まれ。彼女が受けた突然の宣告は、抗がん剤治療をして効いたとしても予後は九か月、そうでなければ四か月というものだった。毎年きちんと人間ドックを受け、煙草とお酒は一三年前にやめ、食生活も無茶なことはしていないというのに、である。
亡くなる九日前まで綴られた日記には、神様への悪態や、負け惜しみでなく幸せに思うことや、大切な人との別れや、その日に向けた準備などが、率直な筆で綴られている。ここにあるのは、突然の不幸に見舞われた人の記録ではなく、誰もが経験する死というものを誠実に受けとめた人の言葉だ。そしてその言葉が生き続けているということに、私は心から励まされる。

（たわら・まち　歌人）

西加奈子『くもをさがす』河出書房新社、二〇二三年
山本文緒『無人島のふたり――120日以上生きなくちゃ日記』新潮社、二〇二二年

年をとるのはすばらしいこと
――メイ・サートン『70歳の日記』

上野千鶴子

五〇代になったとき、『〜の現在』とか『今日の〜』とかいった、時流に乗る書物がとことんイヤになった。最新のものは、早く古びる。時代に追いつかなくてもよい。歴史は待ってくれる。時間にかかわらないもの、永遠に近いものが読みたくなった。若いひとが書いたものより、年をとったひとの書いたものが読みたくなった。年齢を重ねるとはどういうことかを、知りたくなった。

アメリカの詩人、作家のメイ・サートンが日記を書いていたことは知っていた。サートンが五八歳のときに書いたのが『独り居の日記』(みすず書房、一九九一年/新装版二〇一六年)。それを読んだとき、わたしは六〇代だった。それから彼女は一九九五年に八三歳で亡くなるまで、次々に『70歳の日記』『82歳の日記』を書いている。七〇代のいま、わたしは彼女の『70歳の日記』を読んでいる。

森の中の家で庭仕事をしながらひとりで暮らしているのに、五〇代で書いた『独り居の日記』は少しも静謐でない。彼女は怒り、うろたえ、ぐちをこぼす。家に出入りする手伝いのひとに不満を漏らし、遠くに離れた娘が母親を心配して訪ねてくるのを、それさえうっとうしく感じる。初老期とは、こんなに成熟しないものか、と逆に安心する。
『70歳の日記』には変化がある。

50歳のときとくらべて、70歳の今のほうがずっとものごとにうまく対処できている。(中略) 年をとるとはこういうものだと予想していたことは、かならずしも正しくなかったようだ。思うにそれは、自分がこの歳になって、今という時を十分に生ききっているからだという気がする。将来について不安を感じることも少なくなり、愛を失うこと、仕事を完成させるための苦しみ、苦痛、死の恐怖……といったものからも、はるかに距離をおけるようになった。前ほど強い怒りを感じないから、罪悪感も小さくなった。

「今が人生で最良のときです。年をとることはすばらしいことですよ」と彼女は言う。

なぜなら「今までの生涯で、いちばん自分らしくいられるから」と。「今は自分の弱さを素直に認められるし（中略）ずっと無邪気でいられる」とも言う。

「無邪気」には、わらった。わたし自身の実感に合っている。わたしもむかしは邪気だらけの人間だった。年をとって「無邪気になりました」と人には言っている。

絵本作家のいわさきちひろが死の二年前、五三歳で書いた「大人になること」というエッセイがある。

人はよく若かったときのことを、とくに女の人は娘ざかりの美しかったころのことを何にもましていい時であったように語ります。けれど私は自分をふりかえってみて、娘時代がよかったとはどうしても思えないのです。（中略）思えばなさけなくもあさはかな若き日々でありました。（中略）もちろんいまの私がもうりっぱになってしまっているといっているのではありません。だけどあのころよりはましになっていると思っています。そのまだましになったというようになるまで、私は20年以上も地味な苦労をしたのです。失敗をかさね、冷や汗をかいて、少しずつ、少しずつものがわかりかけてきているのです。なんで昔にもどれましょう。

（いわさきちひろ『ラブレター』講談社、二〇〇四年）

そう、そのとおり、「なんで昔にもどれましょう」。

五〇代は分岐点。読者のあなたがそう言えるようになることを願っている。

（うえの・ちづこ　社会学者）

メイ・サートン著、幾島幸子訳『70歳の日記』みすず書房、二〇一六年

危険な読書

黒井千次

五〇歳からの読書について、何かを語るのは難しい。まして、「座右の書」と呼ばれるような書物を選び、それを読むようにと五〇歳を過ぎた人に呼びかけたりするのは至難のことである。

五〇歳からの読書は、おそらく二〇歳前後の読書とも、七〇歳に達した頃の読書とも違うだろう。

日本人の平均寿命が八〇代であることを考えると、五〇代とはまさに生命の全体像の眺められる地点に立つ時期である、と言えよう。年齢の重さと体験の広さとが、生命の持つ可能性を最大限に花開かせる季節である、ともいえるのではないか。余計な読書などしなくてもよいから、自分の直面する仕事に全力でぶつかれ、と言ってやりたいような時期であるかに思われる。

それでも本を読むとしたら、どちらかといえば、新しい世界を訪ねたり、知らなかったことを学んだりするより、むしろ知っているつもりの世界にあらためて正面から向き直り、そこに生きて動いているものの姿をあらためて見つめなおし、かつて自分の抱いた印象が果してマトモなものであったか否かをあらためて確かめてみる読書というものになりそうな気がする。

年齢五〇代にまで達したならば、その間に何をやって来たにせよ、その年齢相応の時間というものが身の内に宿っているに違いない。つまり、かつてと同じような読み方は、最早出来なくなっているのではないか。

そんなことを考えるようになったのは、五〇代はもちろんだが、その前も、その後も幾度も読み返し、その都度親しみや感銘を受けていた文学作品が、次第に前より短く感じられ、より軽くなった印象を受けることがあるのに気がついたからである。

決して、つまらなくなった、というのではない。あまりに幾度も読んだので、絵の色がとんでしまった絵本のように感じられた、とでもいうのだろうか——。

あえて作品名はあげないが、自分には一〇代の後半に読んでそのまま忘れられぬ一冊となった、あるヨーロッパの小説家の短篇小説集がある。座右の書などと呼べる感じの作品集ではないが、内ポケットにそっと隠して持ち歩きたいと思うような、子供を主人公とした短篇集である。

　最初に読んだのは高校生の終り頃か大学生になった頃かと思われるが、男の子が主人公であるだけに、彼はこちらの中深くに生きることになった。そして何かの折にふとあることにぶつかったりすると、さほど意識することもなく、自然の動作のようにその文庫本を開く気分を覚えるようになっている自分に気がついた。いつ本を開いても、主人公の男の子は作品の中を動きまわっていた。それを読んで慰められたり励まされたりするのではないのだが、そうだ、そういうものだ、と、息をするのが楽になったような気分が押し寄せて来るのを感じるのだった。

　ところが少し前、本棚の整理をしている折に偶然その短篇集に出会し、久しぶりであったので、思わずその中の一、二篇を読み返してみる気になった。というより、久しぶりに出会った人に話しかけるような気分であったのかもしれない。

　前とは印象が違っていた。各篇ともが、前に読んだ時より少し短くなったような気がした。同じエピソードが、どこか穏やかなものに変りつつあるように感じられた。その衝撃が強かった。驚いて本を閉じた。

何が起ったのかはわからない。これまでの作品の印象がどこか変ってしまったのかもしれない、と想像した。少年期から青年期にかけての読書は五〇代になって読んでもあまり変ったとは思えなかったけれど、九〇代に達した人間にとっては、なにか前とは違うことが起ったのかもしれない。そのことについては、これからゆっくり考えねばならない。

（くろい・せんじ　作家）

II 道標——人生の転機にノウハウ本は役立たない

大きな節目にはとにかく古典

——内村鑑三『後世への最大遺物』ほか

冨山和彦

一言でいえば古典です。古典ならなんでもいいと思います。

五〇歳という節目は職業人としても、生活者としても人生の転換点を迎える頃です。そして自らの意思で、これからの生き方について選択することが求められる時期でもあります。

例えばサラリーマンなら、順調に出世するにしても、関連会社に出向するにしても、それを断って早期退職するにしても、組織の論理に従う人生を続けるか、自らの才覚と信念で生きる人生に踏み出すか、を能動的に選択できるおそらく最後のチャンスでしょう。生活者としても、体力面、気力面、家族面などで大きな節目に直面する年頃です。親の介護なども大きな課題となり始める時期です。

人生一〇〇年の時代、残り半分となったけれどまだそれなりに長い人生。その一方で新たな選択肢が増える可能性は年々下がっていく人生をどう生きるのか。よくあるノウハウ本はほとんど意味を持ちません。

古典は、人間について、人生について、何か本質的なことを描き出しているからこそ、時代を超えて読み継がれています。はっきりした正解はそこに書いてありません。しかし、困難や煩悩に対峙して、そこで苦悩し挫折し誘惑に負ける人間像、そこから何らかの光明を見出し乗り越える人間像……善悪、情理、勝敗、損得、愛憎の狭間で揺れ動く人間の姿は、これからの選択を考える大きな助けになるはずです。

自分の人生の最大の転換点は、五〇歳より少し早い四二歳の時。仲間と創業した経営コンサルティング会社、コーポレイトディレクションの社長から、政府が設立した一〇兆円の産業再生ファンドである産業再生機構の最高業務責任者に転身する時でした。

当時の小泉政権が長引く不良債権問題と金融危機を克服すべく、「産業と金融の一体再生」というコンセプトで立ち上げた目玉政策でしたが、一般的には評判が悪く、メディアや評論家の多くは、失敗して一〇兆円の多くをどぶに捨てる結果になるだろうと予測していました。

その選択を前に、手元にある古典をとにかく読んだ記憶があります。シェイクスピア、論語、聖書などからつまみ食いしたり、若い時に読んだ内村鑑三の『後世への最大遺物』やカエサルの『ガリア戦記』を読み返したり、かつてビジネススクールの授業で使ったマキアヴェリの『君主論』も改めて手に取りました。最近のものでは、知り合いも登場し、かつ日本的エリート組織の失敗を描いた古典的名作である猪瀬直樹さんの『昭和16年夏の敗戦』も読みました。

もちろんスッキリした答えをそこで手にできたわけではありません。しかし、そこには当時の自分の思いと、それまで目にしてきた日本社会の馬鹿さ加減と素晴らしさ加減とが色々な意味で重なり合う物語がたくさんありました。

そして、これから自分が本当にやりたいことは何なのか、人生の選択として仮に失敗したとしてもあとで後悔しない選択は何なのか、にたどり着くための示唆を多く得ることができました。

また、ああいう心境で読むことで、若い時に見えなかった古典の凄み、たとえば『オセロー』の真の主役は、全ての人間に潜んでいる悪人・イアーゴ的な「業《ごう》」であることや、内村鑑三の言う「勇ましく高尚な生涯」が最大遺物たる本義が分かってきました。『昭和16年夏の敗戦』は、日本の古くて大きな企業や金融機関の根源的な病理について、自分が持っていた仮説を確信に変えてくれました。それは私たちが産業再生と不良債権問題に立ち向かう基本方針として、空気を読まず、調和を求めず、ことを荒立てても原理原則を貫いていく基盤となりました。

門前の小僧習わぬ経を読む、という言葉がありますが、五〇歳にしてその経の意味を知るのかもしれません。五〇歳を機に、本棚にある古典に手を伸ばすことをお薦めします。

（とやま・かずひこ　経営共創基盤ＩＧＰＩグループ会長）

内村鑑三『後世への最大遺物・デンマルク国の話』岩波文庫、二〇一一年
カエサル著、石垣憲一訳『ガリア戦記』平凡社ライブラリー、二〇〇九年ほか
マキアヴェリ著、池田廉訳『君主論（新版）』中公文庫、二〇一八年ほか
猪瀬直樹『昭和16年夏の敗戦（新版）』中公文庫、二〇二〇年
シェイクスピア著、松岡和子訳『シェイクスピア全集13 オセロー』ちくま文庫、二〇〇六年ほか

未来予測はむずかしい

――科学技術庁編『21世紀への階段』

仲野　徹

人生を俯瞰しようと、『一度しかない人生を「どう生きるか」がわかる100年カレンダー』（大住力著、ディスカヴァー・トゥエンティワン、二〇二一年）を参考に、一〇〇年カレンダーなるものを作ってみた。

生まれた時から現在まで、いつ何があったかを書いた付箋をカレンダーに貼り付けていく。

結婚、就職、異動、二人の子どもの誕生、留学と、二〇代の後半からの一〇年間は公私ともに本当にいろんなことがあった激動の時代だった。そして、四〇代の後半からの一〇年間は信じられないくらい忙しく働いていた。時の過ぎゆくままに身を委ねて来たとは思わないが、まとめて眺めてみないとわからないことも多い。あぁそうやったんやと初めて気付くことがたくさんあった。

過去のことですらこうしてみないとわからないのだから、未来のことなどわかろうはずもない。一〇年前の自分に尋ねてみたい。本職の医学関係の本だけでなく、いろんな本を出すようになる。時々だけれど、テレビやラジオに出演する。ノンフィクションの書評を発表するようになって、読売新聞の読書委員を務める。きっと、なにをアホなことをと一笑に付すに違いない。だが、なんとそれが現実だった。

さして長生きしたいとは思わない。しかし、未来の社会がどうなっているかは覗いてみたい。それには、渡辺真知子のヒット曲『迷い道』の歌詞「現在・過去・未来」じゃないけれど、「現在」と「過去に予測された未来」を比べてみるのがヒントになるかもしれない。

『21世紀への階段——40年後の日本の科学技術』は、六〇年も前の一九六〇年——だから五〇歳代の人にとっては生まれる少し前——に出版された本だ。いまは無き科学技術庁の監修で、当時の長官だった中曽根康弘がプロローグを書いている。その復刻版が、半世紀の後、二〇一三年に出版された。もちろん、我々はその間の科学技術の進歩を知っているのだから、「過去に予測された未来」とリアルとの答えあわせができる。

さて、どの程度予測があたっていただろうか。まずは、私が専門とする医学について見てみよう。

平均寿命が「90歳までは確実」というのは、なかなかいい線をいっている。しかし、新型コロナの時代を経た今となっては、「微生物病はなくなる」とか書いてあると腰が抜けそうになる。「アレルギー病も余計目立つ」はいいけれど、ストレスによる胃潰瘍が「21世紀の代表的消化器病」として残るというのは完全にはずしている。また、「子《こ》種《だね》の長期保存」もいいけれど、「人工子宮で胎児を育てる」とか「性の完全転換」となると、何を考えてましたんやと言いたくなってしまうレベルだ。

コンピュータではなくて「電子計算機」は、単に計算の役割しか考えられていないし、インターネットにいたっては予想すらされていない。それに対し、過大なる期待が抱かれているのは原子力発電である。科技庁が出した本であることを差し引いても相当なもちあげぶりだ。

明らかなのは、その定義から当然のことながら、イノベーションというものは全く予測が不可能だったということである。もうひとつ忘れてならないのは、原子力の例からわかるように、我々の考えは、その時代の「空気」に大きく左右されてしまうということだ。

全体としては、あたっているものもあるが、はずしているものもある、というところだ。気になるのは、いいことであろうが悪いことであろうが、あたりは小さくて、はずれは桁外れに大きいというところだ。これは、自らを振り返って、個人の人生における未来予測——あるいは夢と言ってもいい——にもあてはまりそうだ。

この本に書かれている未来予測、その多くが明るさに満ちていることに驚かされる。いま、四〇年先を予測してみると、なにがあげられるだろう。まず頭に浮かぶのは、地球の温暖化や、日本はもちろん世界レベルでの人口減少だ。温暖化については予測に幅があるが、人口動態の予測は残念ながら確実に進んでいく。

六〇年前は多くの人が明るい未来を思い描いていたのに対して、現在は暗いのではないか。そう考えると、この五〇~六〇年間というのは、明るい未来が暗い未来へと転換してしまった時代とも言えそうだ。五〇歳代の人たちは、そういった時代の転換期に生きてきたということになる。

人生一〇〇年時代が本当ならば、五〇歳は人生の折り返し点でしかない。自分のこと、社会のこと、その現在・過去・未来を考える上で、この本は良きヒントになる。あのころの未来、すなわち自分が生まれたころの未来がどんなであったかを知って、これからの未来、社会の未来だけでなく自分の未来に思いをはせてみられてはどうだろう。
（なかの・とおる　生命科学者）

科学技術庁編『21世紀への階段——40年後の日本の科学技術（復刻版）』（全二巻）弘文堂、二〇一三年

五〇歳から「守備範囲」に入る本

――森鷗外「阿部一族」ほか

内田 樹

子どもの頃は「自分が生まれる前の時代」は単なる漠然とした時間の広がりに過ぎなかった。昭和前期も大正も明治も幕末もひとしなみに「昔」というカテゴリーに括られていた。それが年を取るとだんだん「昔」が差別化されるようになる。自分が生まれる直前と、生まれる五〇年前と、生まれる一〇〇年前の違いが皮膚感覚的に感じることができるようになる。「昔」の解像度が上がるのである。

それについて個人的な法則を思いついた。個人の感想であって一般性を要求する気はないが、「自分が生まれる前についての想像力の広がりは実年齢に相関する」というものである。わかりにくい言い方で済まない。要するに「一〇歳の子どもは自分が生まれる一〇年前まで、二〇歳の人は自分が生まれる二〇年前くらいまでの昔については、何となくどんな時代だったか想像がつく」ということである。この法則を適用すると、五〇歳というのは生年の五〇年前（私が五〇歳の時なら一九〇〇年、明治三十三年）について までなら、その頃の人がどんなものを食べて、どんな服を着て、どんな家に住んで、どんなことを考えていたのか、何となく想像がつくということである。

明治三十三年と言えば、義和団事件が勃発し、パリ万博でメトロが開通し、夏目漱石が英国留学に発ち、フロイトが『夢判断』を出版した年である。義和団事件について、私は柴五郎の書いたものを読んだし、チャールトン・ヘストンと伊丹十三が出た『北京の55日』も観た。パリで乗ったメトロの駅の多くはパリ万博時と同じたたずまいを留めていた。ロンドンの漱石の屈託のこともよく知っているし、『夢判断』は学生時代にノートを取りながら読んだ。そうやって書き出すと、五〇歳の時は生まれる五〇年前までは「守備範囲」だということになる。

前置きが長くなったが、「五〇歳になったので一冊読むべき本を推奨して欲しい」と頼まれたら、「五〇歳になったせいで守備範囲に入った本」、つまりその時点から一〇〇年前に書かれた本の中から選んだらよいのではないかと思う。これを書いている今は二〇二二年であるから、一九二二年あたりに書かれた本が「五〇歳になったら読む本」としては手ごろではあるまいか。

奇しくも一九二二年は森鷗外の没年に当たる。もし、鷗外のものをこれまであまり読む機会がない方がいたら、これを奇貨として鷗外を体系的にお読みになることをお薦めしたい。「じいさんばあさん」「寒山拾得」「高瀬舟」などは短いからすぐ読める。「阿部一族」「興津弥五右衛門の遺書」も歴史小説だから面白く読める。『渋江抽斎』のような史伝はいささか難物であるけれども、現代日本人の国語力で十分に読めるはずである。

その一年前の一九二一年はピョートル・クロポトキンの没年であるので、クロポトキンもちょっとフライングだけれど「守備範囲」に括り込んでもいい。さいわい『相互扶助論』も『ある革命家の思い出』も新版が出ていて手に入る。革命家というのがどういう人なのか、私たちはもうその相貌を知らない。そういう場合は、革命家自身の書いたものを読むに如くはない。クロポトキンを読むと、革命家というのがどれくらい陽気で楽観的な人であるかがよくわかる。こういう人と一緒なら官憲に追われたり、地下活動をしたりしてもずいぶん楽しいだろうなと思う。たしかにそうでなければ市民革命なんかできるはずがない。

お役に立てたかどうかわからないけれど、こういう選書の仕方もあるということでご海容願いたい。

（うちだ・たつる　思想家、武道家）

森鷗外「阿部一族」「じいさんばあさん」「寒山拾得」：『阿部一族・舞姫』新潮文庫、二〇〇六年ほかに所収
同「高瀬舟」「興津弥五右衛門の遺書」：『山椒大夫・高瀬舟』新潮文庫、二〇〇六年ほかに所収
同『渋江抽斎』中公文庫、一九八八年ほか
ピョートル・クロポトキン著、大杉栄訳『相互扶助論〈新装〉増補修訂版』同時代社、二〇一七年
ピョートル・クロポトキン著、高杉一郎訳『ある革命家の思い出』（上下）平凡社ライブラリー、二〇一一年

自分の風土を見つめ直す

――和辻哲郎『風土』ほか

原　研哉

和辻哲郎の『風土』が、ずっと心の片隅にある。古色を帯びた箱入りのハードカバーは書棚に収まった背表紙だけで「ここに大事なことが書いてある」とその存在を無言で示し続けている。大学時代に読んだ記憶があり、深く感銘を受けた覚えがあるのだが、今取り出してみると、その文体の硬さに驚く。昭和初期に出版された本であるから無理もないが、本当に自分はこれを読んだのかとも思う。所々に引かれた線は明らかに自分のものであるから、確かに読んだ。そして今も僕はその影響の中にあるのだが。

梅棹忠夫の『文明の生態史観』という本も同じ頃に読んだものだと思う。いずれも、筆者が海外に出て、その地の自然や風土がそこに暮らしてきた人間の感受性といかに不可分なものであるかを察知したことから生じた思索である。哲学や科学の領域をやや踏み越えた感覚的な思考の広がりを感じる本である。

僕たちはそろそろ、自分たちの風土を見つめ直すべき時ではないか。和辻哲郎の時代に、既に世界の往来は容易になり、文化は混ざり合っていくように感じられたらしく、読み返すとそのようなことが書かれている。今日、世界の往来は、当時とは比較にならないほど激しくなり、日本人ですら日本のことがわからなくなりはじめている。

日本が世界にデビューして一五〇年。明治維新からの七五年は西洋列強に肩を並べようと富国強兵に勤しみ、勢い余って自身を見失い、大陸へと進出し、戦争に敗れて主だった都市は焦土と化した。次の七五年は工業立国へと邁進し、エレクトロニクスとハードウエアの融合に歩調を合わせて驚異的な経済成長を果たしたが、データ解析と人工知能が生み出す産業に乗り遅れ、次の産業ヴィジョンを持てないまま停滞している。そういう状況であればこそ、僕らはもう一度、自分たちそのものをなしている「風土」を見つめた方がいいのではないか。それは単に日本固有の文化を反芻するというようなものではない。先人たちが、インドや中国の風土をどう眺め、どう感じ、相対的に自分たちをどう把握してきたかを辿り直した方がいいように思うのだ。

五〇歳はひとわたり世界や社会を体験した年齢である。日本という国も、成熟に向かって新たなヴィジョンを持たなくてはならない時期に差し掛かっている。そんな日本が、今捉え直すべきは自分たちの足元ではないか。そういう意味で上記の二冊を挙げてみた。

一方、書棚に高校時代からの悪友、原田宗典の『元祖スバラ式世界』という文庫本があった。久々に取り出して読むと、驚くべき面白さである。岡山から出てきて、東京を右往左往していた頃の自分たちが実に見事に活写されていて、二ページに三度は吹き出してしまう。この作家の筆の力には高校時代から感心していたが、僕が多少とも文章を書くようになったのは、この友人の影響にほかならないのである。しかつめらしい文章を書く自分を揶揄する目的か、この悪友は時折漫画本などを送ってくるのであるが、何より元気をくれるのが原田宗典本人のエッセイなのである。

あらゆるものにつまずき、七転八倒を繰り返しつつ、多発する失敗を「まあいいか」とやり過ごしながら日々を送っていた時代があった。日々を生きる活力のもとは、そんな時代の、たぎるような、一体どこから生まれてくるのかわからないやみくもな意欲や自信、そして覇気のようなものである。

青春などという言葉は恥ずかしいが、五〇歳を超えて必要なものはまぎれもなく青春である。そんな青春を補給する意味で、原田宗典のエッセイは、五〇歳からの読書の一冊に加えておきたいと思うのである。

（はら・けんや　グラフィックデザイナー）

和辻哲郎『風土――人間学的考察』岩波書店、一九三五年
※現在入手しやすいものは岩波文庫、一九七九年
梅棹忠夫『文明の生態史観（増補新版）』中公文庫、二〇二三年
原田宗典『元祖スバラ式世界』集英社文庫、一九九五年

自然のからくりと人間の風景
――F・カプラ『タオ自然学』ほか

佐治晴夫

現代基礎科学を支える二つの柱のなかのひとつ、相対性理論を作り上げたA・アインシュタインは、晩年になって、こんなことを言い残しています。「現代科学に欠けているものを補う宗教があるとすれば、それは仏教だ」

さらに、もうひとつの柱、量子力学の創設者の一人、W・ハイゼンベルクは、「客観的事実など存在しない。あるのは自分の目を通して見た事実だけである」とも言っています。

これらの言葉の背景には、数学の言葉で自然界のリアリティーと対峙する物理学者が明らかにしてきた世界像が、日常の言語では表現しきれない矛盾と抽象性を帯びてきていることへの戸惑いがあるようにも思えます。たとえば、光は波であると同時に、粒子の性質ももっているという日常感覚では相容れない二重性を認めなければ、実験事実が説明できないというような状況です。

その一方で、通常の言葉では表現しえない自然界の様相を論じるために、あえて矛盾する言葉を重ねることによって言葉の限界をのりこえようとしてきたのが、東洋の思想でした。AはAであって、かつAではない、というような論法です。

この現代物理学における自然観と、東洋の思想を対峙させ、アインシュタインやハイゼンベルク、荘子、老子、そしてウパニシャッド、さらには禅の公案などの言葉を引用しながら、人間のこころに映る物理学的世界像を描いたのがF・カプラ著、『タオ自然学』です。

このような試みは、ややもすると、エセ科学的な読み物になりがちですが、著者のカプラはウィーン大学で物理学の博士号を取得した現役の物理学者で、論理を逸脱することなく、安心して読める一冊です。

ところで、私たちにとって、いつの時代も、気になるのは、宇宙の起源についての物語です。

ハイゼンベルクによる量子力学の基本原理、不確定性原理の立場からいえば、宇宙は、空間、時間、物質のいずれもが定義できない状態（これを量子論的無といいます）の

「微小なゆらぎ」から、さりげなく生まれたことが、科学的観測事実として確かめられていますが、人類史上、まず、最初に語られていたのは、神話や宗教における宇宙創世物語でした。その代表例が、旧約聖書や古事記などに記された「はじまり」の物語です。しかし、その中にあって、それらの物語から宗教的要素や神話にでてくる人格的要素を一切排して、あたかも現代物理学が描いている〝風のような「無のゆらぎ」〟からの宇宙開闢《かいびゃく》を語っているのが、古代バラモン教の聖典、『リグ・ヴェーダ』第10巻、129歌、ナーサッド・アーシーティア讃歌です。〝ナーサッド〟とはサンスクリット語で、無（nāsad）を意味し、アーシーティアは、存在しない（āsit）を意味する形容詞です。

そのとき、無もなかりき、有もなかりき、空界もなかりき。その上の天もなかりき。何ものか発動せし、いずこに……。そのとき、死もなかりき、不死もなかりき。夜と昼との標識もなかりき。かの唯一物（タートエーカム“tad ekam”）は、自力により風なく呼吸せり。これよりほかに何ものも存在せざりき。

ここでは、中性的な宇宙の根本原理としての〝かの唯一物〟がかすかに呼吸しているという情景を、宇宙開闢直前の「無のゆらぎ」に対応させています。言葉にならない状況を表現しようとするとき、詩と科学が歩み寄っているかのような印象を受けます。

人生五〇年は、世の中での経験をそれなりに積んだ上での到達点。しばし立ち止まって、自然のからくりとそのなかに包括される人間の風景を現代の科学と古代の文学から眺めてみるのも一興かと思います。

（さじ・はるお　理学博士）

F・カプラ著、吉福伸逸・田中三彦・島田裕巳・中山直子訳『タオ自然学――現代物理学の先端から「東洋の世紀」がはじまる（増補改訂版）』工作舎、一九七九年
辻直四郎訳『リグ・ヴェーダ讃歌』岩波文庫、一九七〇年

余生は〝数の世界〟を心の支えに

――小川洋子『博士の愛した数式』

松田哲夫

僕がこの小説と出会ったのは、二〇〇三年五月のことでした。純文学の雑誌「新潮」に発表されていました。

瀬戸内海に面した小さな町に老数学者が住んでいました。その家で働く派遣の家政婦さんとその息子、三人が織りなす日常を描いた、世にも美しい愛の物語でした。

博士は、交通事故の後遺症で八〇分しか記憶を保つことができません。そういう博士に、最初はとまどっていた家政婦さんですが、しだいにうちとけてゆきます。

読み進むうちに、博士の語る数字や数式に不思議に親しみを覚えるようになりました。さらにいつの間にか、素数、虚数、約数、階乗、自然数、三角数、双子素数、友愛数という無味乾燥なものと思っていた数字や数式がぬくもりや息づかいを感じさせる愛しい小動物のように思えてくるのでした。

「4Bの鉛筆から生まれる式はいつも質素なのに、その意味するところはあまりにも広大だ」

　博士の言葉に耳を傾けてみましょう。

「数は人間が出現する以前から、いや、この世が出現する前からもう存在していたんだ」

「直感は大事だ。カワセミが一瞬光る背びれに反応して、川面へ急降下するように、直感で数字をつかむんだ」

「正解を得た時に感じるのは、喜びや解放ではなく、静けさなのだった。あるべきものがあるべき場所に納まり、一切手を加えたり、削ったりする余地などなく、昔からずっと変わらずそうであったかのような、そしてこれからも永遠にそうであり続ける確信に満ちた状態。博士はそれを愛していた」

「物質にも自然現象にも感情にも左右されない、永遠の真実は、目には見えないのだ。数学はその姿を解明し、表現することができる。なにものもそれを邪魔できない」

僕たち読者も、いつの間にか、それまで避けて通っていた数の世界が輝いて見えるようになります。

物語は、博士と家政婦さんの世界に少年ルートが加わり、阪神タイガースや江夏のエピソードが登場してきて、ますます彩りを増してゆきます。

終盤にいたると、爽やかな涙が滲んできて、素晴らしいエンディングを迎えることができました。ちなみにこの作品は読売文学賞を受賞し、エンタテインメント作品が主流となる本屋大賞の第一回の大賞にも選ばれています。純文学、エンタテインメントの枠を超えたのです。

僕が、この小説を読んだのは、五六歳の時でした。それまでは、好奇心のおもむくまま、我武者羅に前に進んできたのですが、そういう日々にも陰りが見えてきたのです。

それまでは、積み重ねてきたもので、充分余生を過ごしていけると思っていました。徒手空拳、荒海に漕ぎ出すわけではないのですが、どこか不安がつきまとっていました。

考えてみれば、僕には、とりわけこれといった信仰も宗教も主義主張もありません。決定的な危機に陥った時に心の支えになるものが何もないのです。いまのように、既存の制度、価値観、思想などが壊れてゆき混乱をひきおこしている時代に生きていると、何の支えも持っていないことに不安を感じてしまいます。

そういう不安に遭遇していた僕は、『博士の愛した数式』を読んで、「よし、これからは数の世界を信じていこう」と決心しました。

僕のような数学弱者は、何度生まれ変わってもその真髄に手の届かないものでしょうが、人類が出現した時よりずっと昔から、宇宙が始まるはるか以前から、確固として存在していた数の世界だからこそ、この不確かな世の中を生きていく支えとなってくれるのだと思いました。

そこで、僕は、その第一歩として、この小説を書くにあたって小川さんが教えを乞うた数学者藤原正彦さんとの対話を本にまとめさせて頂きました。『世にも美しい数学入門』（ちくまプリマー新書）がその本です。


（まつだ・てつお　編集者）

小川洋子『博士の愛した数式』新潮文庫、二〇〇五年

妻と恋人、どちらにもいい顔をしたい

——宇野千代『おはん』

末井　昭

五〇歳を前に妻の元から家出して、ホテル暮らしをしばらく続けたあと、部屋を借りて写真家の神藏美子《かみくらよしこ》と住むようになった頃のことです。

妻とは二九年一緒に暮らし、別れ話を切り出したことなど一度もなかったので、夫婦喧嘩の弾みで「別れよう」と言ったとき、妻は本気にしませんでした。「好きな人がいるの？」と聞くから、「いる」とそっけなく言って家を飛び出すと、「嫌だぁ〜‼」という妻の叫び声が聞こえました。その声がいつまでも耳に残っていました。

自分の罪悪感を薄めたいがため、家も貯金も妻に渡すことにしました。神藏美子は、「そんなに奥さんのことが心配なら家に帰ったら？」と、冷やかに言います。そして、「これでも読んだら？」と言って渡されたのが、宇野千代の『おはん』でした。

この小説は、岩国とおぼしき町を舞台に、ある男の語りで構成されています。男の名は出てきませんが、加納屋という染物屋の倅で、生まれた家は落ちぶれてしまい、いまは人の家の軒先を借りて古手屋（古道具屋）をしています。商売にはならず、小遣い銭にも困るほどで、お客を相手に茶をたてたり花を生けたりしているのです。

おはんという女房がいるのですが、おかよという芸者と馴染みになってしまい、おはんは親の家に引き取られて七年が経ちました。いまでは、おかよは小さな家を持って、女衆を二人置き、芸者屋をやっています。男はその家で寝泊まりしているのです。

ある晩、橋の上で偶然おはんと出会い、「恋しゅうてならん女と無理無体に仲せかれてでもおりますような、おかしげな心持に」なってしまいました。

おはんは、男と別れてすぐに親の家で男の子を産みました。その子がもう学校に行っていると言います。おはんといるときは子供がほしいほしいと言っていたのに、別れるときになって子供が宿っていたのです。だが、子供のことより、男はおはんにどう思われているかが気になるのです。

女房のおはんにだけは、どうでも悪うは思われともない。あの男はいまよその女と一しょにいてるけど、そりゃ、よんどしょうむないことがあってのことやろ。しんから薄情な心があってのことではないやろ、とそう思うてもらいたいのでござります。

このことがあってから、男はときどきおはんと密会するようになります。

あの大名小路の裏手の家で、人に隠れておはんと寝るようになりましてから、まァ私は、何をたよりに、この二人の女《おなご》をだき分けていたでござりましょう。

そのうち、子供と会ったのがきっかけで、男はおはんと子供と暮らしたいと思うようになります。

おかよは我家に、二人で寝起きするための四畳半を増築しようとしています。が、男はおかよと住む気はさらさらありません。

いまこうして同じ寝床の中にいてるこのおかよに、こういうてやればええのでござります。「おかよ。俺はもう、この家にいる人間ではのうなったのや。訳はあとで人が聞かしてくれるやろ。その訳きいたら、お前も得心してくれる筈や。……頼むけに俺のあと追うてあいになぞ来てくれるな。ほんにこの七年というながい間、俺という男に関《かかわ》って、世間を狭《せも》うに暮してきたそのお前に、今更すまなんだと詫《わび》いうたりする気はないいけにな、」とそう言うてやればええのでございます。

それだけのことというてやればええのでございますのに、私にはそれがいえませぬ。恐しゅうていえませぬ。こななこと思いきっていうてしもうたら、このおかよがどな顔するか、それが恐しゅうてではございませぬ。たったいままでこの女に、もう花も実もある男やと思われていたその甲斐が、一どきにのうなってしまうのや思いますと、それが恐しいのでございます。

この男の本音は、おはんから悪く思われたくない、おかよに花も実もある男に思われたい、それだけです。これから暮らして行く相手のことを考えず、別れた妻に悪く思われたくないだけで財産を渡そうとしている自分は、この男と同じだとつくづく思ったのでした。

宇野千代がこの小説を書き始めたのは一九四六年一一月からで、文芸誌に連載したあと、『中央公論』で断続的に連載され、一九五七年に中央公論社から書籍『おはん』が刊行されます。新潮文庫でわずか一一二ページの短編小説ですが、完成までに一〇年を要した宇野千代一番の傑作小説です。まるで、実在している男の心の動きを追っているかのようです。

（すえい・あきら　エッセイスト）

宇野千代『おはん』新潮文庫、一九六五年

なめくじ艦隊に学ぶ

――古今亭志ん生『なめくじ艦隊』

和嶋慎治

どんどん物価が上がっている。

対し、日本人の給与はこの三〇年ほど上がっていない。これからさらなる未曽有の物価高が到来したとして、お金持ちならいざ知らず、一般庶民は貧乏生活を強いられることと必至である。

三〇代から四〇代前半まで、僕は貧乏のどん底にいた。バンドも売れなかったし、生来の怠け癖が災いして、一日百円で暮らすこともしばしば。かろうじてアルバイトで食いつないでいた。酒に溺れかけ、やさぐれかけ、そんな極貧の僕を慰めてくれたのは、哲学書であり思想書であり、いくばくかの小説であり、そして同じく貧乏にあえいでいた先人たちの伝記だった。

『ベートーヴェンの生涯』（ロマン・ロラン著、片山敏彦訳）は読むたびに涙した。『ゴッホの手紙』（エミル・ベルナール編、硲伊之助訳）からは情熱と勇気をもらった。――さて、これから多くの人が貧乏に苦しまざるを得ないのならば――僕が四〇代の頃に読んだ本ではあるが、同じ日本人の貧乏の先達として、次の本を紹介してみたく思うものである。

『なめくじ艦隊』、古今亭志ん生著。

落語家志ん生の痛快な貧乏話が、語り口調によって生き生きと描かれた半生記。なめくじ艦隊とあるのは、氏が一時期住まわれた長屋に出没するなめくじの様相を指して。連合艦隊さながらに、大小入り混じったなめくじの大群が、四方八方から攻め寄せてくるのだという。貧乏の恐ろしさ……。

しかし貧しいからといって、けっして湿っぽさや悲愴感が出ていないのが、この書の素晴らしいところ。つまり、貧乏を乗り越える鍵が、ここにあるといってもいい。

蚊が大量に発生して困っているところに、蚊帳売りが来る。たまたま志ん生は不在で、家内には奥さんのみ。現金即決十円。そんなお金はないのに……と思ったら、火鉢の引き出しに十円札、しめたと買う。志ん生帰宅後、蚊帳を見ると、それはただの布の切れ端で、一方の十円札はおもちゃの札だったという、まるで落語のようなお話。

戦争時分。たまさかお土産にいただいたビールの土瓶を抱えているところに、空襲警報。爆撃が激しくなる中、あるだけの酒を飲まなくては死んでも死にきれないと、地下鉄の駅の入口に腰を下ろし痛飲。そのまま酔いつぶれて寝てしまう。奇跡的に生還。

このような逸話のオンパレードである。

きっと運がいいからさ、大物だから天も味方するのさ――そう思う向きも多かろう。あるいは、普通は貧乏だったらめげちまうものさ、明確にやりたいことがある、噺家という使命感があるから苦境も乗り越えられるのさ、そう捉える方もいるだろう。

確かに僕自身、バンドをやりたい、表現をしたいという欲求があったればこそ、貧乏時代を生き抜けた節はある。だがこの書で我々がもっとも学ぶべきは、志ん生のくじけない心、めげない心、正直な心、今この時を生きようとする心そのものではないだろうか。正直だから、真っ直ぐに生きたいから、折々に手を差し伸べてくれる人も現れる。

志ん生は有名人だから援助者が付くのさ――いや、それは違うだろう。志ん生の場合は生イコール芸だったのであり、そこに正直だったから、必然的に名人になった。もちろん、誰しも名人になる必要はない。芸はなくとも、正直に、真っ直ぐに生きる心は誰でも持てるはずだ。

正直に生きる心は、貧乏を笑い飛ばす機知をも生むだろう。なぜなら、生きているだけでありがたいのだから。
そうして、もしかすると——生きる——そのことが最重要課題になる時代に、我々は差し掛かりつつあるのかもしれない。現在戦前にないと、誰がいえるだろうか。
戦前戦中戦後を駆け抜けた志ん生の半生記こそ、まさに今、我々が手に取るべき本である。

（わじま・しんじ　ミュージシャン）

古今亭志ん生『なめくじ艦隊——志ん生半生記』ちくま文庫、一九九一年

海を照らす灯台のように

――松田道雄『定本　育児の百科』

内田洋子

イタリアの春は、ボローニャという町で開催される児童書専門の国際見本市とやってくる。イタリアに住み報道の仕事をする中で、児童書の出版動向を通して、子どもたちを巡る最新情報を得るために毎年通っていた。読み聞かせにはじまり教科書や学校の図書室、と本は子どものそばにいて、彼らの好きな色や音、形や触り心地に詳しいからだった。

イタリアは、古くは「モンテッソーリ」、近年では「レッジョ・エミリア・アプローチ」といった教育方法を生み出してきた。子どもを十把一絡げにして統制しないで、一人ひとりをよく観よう。各人各様であることの幸運を知らせよう。子どもに対する大人からの敬意がこもった教育法は、日本でも多くの現場で取り入れられてきた。

〈国の成り立ちを知るには、まず子どもからではないか〉

イタリアを仕事の基軸とするようになってからずっと、その時々の世情を子どもを観て解いていこうとしてきた。取材の先々で、必ず保育園や小中学校も訪れた。過疎地や都会、離島や山奥で出会った子どもたちは、イタリア暮らしで得た唯一無二の宝ものだ。私が大学を出てすぐの頃に生まれたてだった子どもが、今はもう人の親になっている。途切れず交わした手紙や電話は、期せずしてイタリアの小さな人たちがどう生きてきたのかという記録となった。若かった頃は年齢もそれほど離れていないので、自分の昨日と会うようなもの、と子どもたちをわかっているつもりでいた。

現地に慣れた三〇代に、イタリアの児童文学を邦訳することになった。幼児の頃は読み聞かせてもらい、小学校で字を覚えたら自分で読んでみる「初めての本」なのだった。どんなときでも自分に誇りを持ち、同じように他人も認めよう、という著者の温かで強いエールに満ちている。大人の目や耳、感覚のまま訳すのは、「初めての本」に会う子どもたちに対して不遜ではないか。

訳しあぐねているところへ、医師である友人から、『定本 育児の百科』という本が送られてきた。外函入りの大型本だった。著者は、松田道雄さん。小児科医として診療を務めた後、育児評論家として講演活動や著作を多数執筆。一九六七年の刊行なので受け取った時点ですでに三〇年近く経っていたが、「不朽のベストセラー」とある。

分厚いので寝転んでは読めず、机に置いてページを繰った。ざっと目を通すつもりが、たちまち松田医師の虜になった。姿勢を正していっしょうけんめいに読んだ。ただの育児書や家庭医学辞典の類ではなかった。ひとりの女性が母親になるのを決意するときを起点として、新しい生命を宿し心身がどのように変化していくのかを順々に拾い上げ、変調の原因と対処法を説き、不安や恐れを端からもれなく払いのけていく。医師が諄々と記す言葉は、どんな動画よりも明瞭だ。説明は無駄を削ぎ落としてわかりやすく、心に沁み入る。医師が母親に耳を傾ける様子や、赤ちゃんにそっと触れながら話しかける笑顔が見えてくる。優れた科学書は慈愛にあふれた文学だ、と感嘆した。

児童書の邦訳にかかりながら、繰り返しこの本に戻った。灯台の光を頼りに海をゆくような気がした。翻訳を終えてからも、枕元にこの百科を置いていた。子どもは復習のようなもの、とわけ知り顔だった自分を恥じたからだった。子どもを観ることは、これからの自分と世の中の予習なのだ。

どの時代も疫病がせっかく治っても、次には必ず弱者いじめが起きた。年齢、ジェンダー、領土、人種、貧富、職種など。子どもは小さいけれど、強い生命力を持っている。

世の中が乱れ、崩れかけそうに思えるとき、医師の本を開く。
「自分の愛する人間と同じかんがえをもち、同じ行動をしようというところに、ことばが必要になる。人間と人間との心のつながりがことばだ」（岩波文庫・中、三八三頁）

（うちだ・ようこ　ジャーナリスト）

松田道雄『定本　育児の百科』（上中下）岩波文庫、二〇〇七～〇九年

人生はいつだって未完

――長田弘『詩ふたつ』

落合恵子

母を見送って、間もなく一六回目の夏を迎えようとしている。

東京の表参道で四六年間開いていた専門書店「クレヨンハウス」を、吉祥寺に移転させて迎える、はじめての夏でもある。

子ども時代に、母と一緒に二週に一度は訪れた井の頭公園がここにはある！　さんざん迷った末に、表参道からここ吉祥寺に引っ越してきたのが二〇二二年のクリスマスウィークだった。葉を落とした樹々をわたってくる風の感触に、不思議に懐かしい匂いが溶けていた。

敗戦から七、八年たった東京。小さな二階建てのモルタル造りのアパートの一間が、宇都宮から上京した母とわたしの新しい住処《すみか》だった。郷里の家には広い裏庭があったのだが、東京では……。その現実が、緑が多い公園に、わたしたち母子を向かわせたのかもしれない。

水辺に座り込んで頬張った、梅干し入りの大きなおむすび。裸足の足の裏を濡らした朝の名残りの草の露。その草と同じ色のオンブバッタ。

郷里の街で婚姻外でわたしを出産した母だった。敢えて苦労を自分に引き寄せるような人生であったのではないか、と後に娘を不安がらせたが、母の笑い声はきれいなソプラノで、裸足でタンゴのステップを踏んでみせる陽気なところもあった。娘は娘で、そうされればされるほど、お母さん、無理してる、と気が気ではなかったが。

その母を見送って、もう、こんなにたったのだ、と指を折ってみる。サンパラソルが幾つもの白い漏斗形の花を咲かせた早朝、母は静かに旅立った。自分の希望や欲望に対しては消極的であり、それが時々娘を苛立たせもした母だった。が、わたしからみると祖母、自分の母親と同じように自宅でその瞬間を迎えられたことを、母はたぶん喜んでくれていたのではないか、と勝手に思っている。

それから数年後のことだった。心の真ん中には未だ深い喪失の穴がありありとあった頃、一冊の詩画集を「クレヨンハウス」から刊行する機会を贈られた。詩人長田弘さんと画家のグスタフ・クリムトが共演した詩画集、『詩ふたつ』。この本に関しては、いろいろなかたが紹介してくださっているし、わたしも書かせてもらってきた。が、それでもまだここには触れてはいない、語られてはいない、と手を伸ばしたくなる作品でもある。

見送った側と見送られた側との会話で成立する一篇目の詩、「花を持って、会いにゆく」。たとえばこんな言葉が。

死ではなく、その人が
じぶんのなかにのこしていった
たしかな記憶を、わたしは信じる。

できるだけ早く本にしたいと詩人から刊行を依頼されたのは、長田弘さんの最愛の妻・瑞枝さんが病の中におられる時だった。それ以上、言葉は不要だった。わたしは母を見送って二年。担当の女性編集者もまた、夫を見送ったばかりだった。

長田さんがあとがきを書きあげられた時、瑞枝さんはすでに旅立たれていた。その中で、長田さんは次のように記す。

「……心に近しく親しい人の死が後に残るもののうちに遺すのは、いつのときでも生の球根です。喪によって、人が発見するのは絆だからです。」

一年後、わたしたちは東日本大震災と、福島第一原発の事故を迎えた。当時わたしは目覚める朝ごとに、長田さんのこの詩から飛び立ち、夜にはこの詩の中に戻ってくる日々を送っていた。小雨でも嵐でも晴天でも、詩を小さな声で読み上げて、眠りについた。

クリムトを長田さんは次のように評しておられる。「誰よりもまず、樹木と花々の、めぐりくる季節の、死と再生の画家です」と。

二篇目の詩「人生は森のなかの一日」で、詩人は次のように最愛のひとに呼びかける。

わたしたちが死んで、
わたしたちの森の木が
天を突くほど、大きくなったら、
大きくなった木の下で会おう。
わたしは新鮮な苺をもってゆく。

きみは悲しみをもたずにきてくれ。

「クレヨンハウス」吉祥寺店の二階は子どもの本の専門フロアだが、地下の一部は移転して半年がたつというのに、完成には程遠く、名付けて「未完の本屋」。未だ完成とは到底言えない平和や反差別、誰もが等しく持っているはずの、けれど等しくはない人権、そして、いろいろな意味において、「たたかうひと」を支える詩集などを集めた空間である。当初は未完の本屋ですが、と言い訳につかっていたが、いまではそれが正式の名前になった。「怒りの貯水池」と呼ばれた米国の劇作家、リリアン・ヘルマンの作品に『未完の女』というのがあった。

そうだね、人生はいつだって未完、だよな。

（おちあい・けいこ　作家、クレヨンハウス代表）

長田弘『詩ふたつ』クレヨンハウス、二〇一〇年

Ⅲ　冒険——世界への窓はいつでも開いている

苦手意識を拭い去ってくれた本

——呉明益『歩道橋の魔術師』

窪 美澄

正直なことを言ってしまうと、本のなかでは海外文学が少し苦手だ。でも、苦手なんて言ってたらだめよ、と自分にカツを入れて、日本の小説→日本のノンフィクション→海外の小説→海外のノンフィクションと順繰りに読む決まりを作った。それでも、海外の小説の順番になるとページがなかなか進まず、途中挫折、読みかけの本が積まれていく。翻訳者の文章をつかむのに人より時間がかかってしまうのだ。海外の本が読めないなんて、ものすごい欠点。これはもう、たくさん本を読んで、慣れるしかないんだ、と思うけれど、どうにも苦手意識は拭えない。年齢を重ねるごとに、それは強くなっていった。

五〇歳になったある日、日本の小説を読んでいるみたいに読める海外の小説に出会った。台湾の作家、呉明益著『歩道橋の魔術師』である。翻訳者は天野健太郎さん。呉さんの文章はもちろんいいのだろうけれど、天野さんの文章がすばらしい。私は水を飲むようにどこにもひっかかることなく、この本を読み進めることができた。

舞台になるのは一九六一年から九二年まで、台北市・中華路に存在した商業施設「中華商場」で、三階建ての建物が八棟、それぞれの棟に「忠」「孝」「仁」「愛」「信」「義」「和」「平」と名前がついていたという。そして、棟をつなぐ歩道橋。そこで靴ひもと靴の中敷きを売っていた少年は、手品の道具を売る魔術師と出会う。魔術師が見せた仕掛けのない本当の手品とはいったい何なのか？　物語はそこからスタートし、今、大人になったあのときの少年、少女が遠い過去を振り返る。けれど、そこにベタベタとしたノスタルジーのようなものはない。虫ピンで地図上のある地点を刺すように、彼らの人生は中華商場からスタートしている。そのことは疑いようのない事実。だから、もう真実かどうかわからない記憶の断片を抱えながらも、それでも生きていく、という覚悟のようなものも感じる。

魔術師は少し考えてから、しゃがれた声で答えた。「ときに、死ぬまで覚えていることは、目で見たことじゃないからだよ」

四七のときに、台湾の書店さんや出版社のイベントに呼ばれた。そのイベントを企画・運営してくださった会社の代表者が、翻訳者の天野さんだった。皆さんと、台北を旅した。やさしい町だった。どこか懐かしい、という感想は誰もが抱くだろうが、私もこの本を読んでいたときと同じように、旅をしながら、自分の子供時代を思い出した。私もまた、商店街の子供だった。この本のなかに登場するような、大人同士のトラブル、離婚、火事や誰かの自死……私も子供時代に遭遇した。そこに今、自分が書いているような小説の種がたくさんあったと思う。年齢を重ねると、ときに自分の居場所に迷うことがあるけれど、一度、自分の生まれた場所に戻ってみる、というのはなんらかの解決策に繋がるのかもしれない。

呉さんには、この本が出たときに東京で行われたイベントでお会いした。少年のような面影を残す素敵な作家さんだった。作品がマン・ブッカー国際賞の候補に入るなど、今もめざましい活躍をされている。翻訳の天野さんは残念ながら四七歳という若さでこの世を去られた。あの名訳が読めないのかと思うと、本当に心から悲しい。天野さんと巡った台北の日々を、私は忘れないと思う。

海外文学には今でも苦手意識があるけれど、その苦手意識を拭い去ってくれたのが、この本で良かったと思う。私はこれからも呉さんの作品を、台湾の作品を、もう少し頑張って色々な国の作品を読んでいきたいと思う。

年齢を重ねても、小さな世界に閉じこもることなく、窓はいつでも開いておきたい。本を読んでいる間、人は孤独ではない。会ったこともない書き手と読み手は物語のなかで手を繋いでいるからだ。

（くぼ・みすみ　作家）

呉明益著、天野健太郎訳『歩道橋の魔術師』白水社、二〇一五年／河出文庫、二〇二一年

日本人はあまり聖書を読まない

――『聖書』

橋爪大三郎

日本人はあまり聖書を読まない。大人になっても家に聖書がない。とんでもないことである。人類文化に対する冒瀆だ。自動車にカーナビがついていないようなもの。まず一冊、買いましょう。と言っても、どれを買えばよいか。

日本語の聖書は、日本聖書協会のが定番である。文語訳、口語訳がある。最近まで新共同訳を、どの教会も使っていた。数年前に協会共同訳というのが出た。これがよいでしょう。旧約・新約の合本を買うこと。

さて、どこから読めばよい?

まずは福音書だ。新約聖書の最初がそれ。イエス・キリストについての記録である。福音書は四冊あって、マタイ、マルコ、ルカ、ヨハネ。順にマタイから、と思って読み始めると挫折しやすい。長い系図から始まるので意味がわからないし退屈だ。そこでマルコから読もう。マルコは最初に書かれた福音書で、素朴でわかりやすい。そのあと、マタイ、ルカを拾い読みする。続けて使徒言行録を読もう。使徒言行録は、ルカの福音書の続きになっている。聖霊も登場するので、そこをしっかり読む。

その次は、旧約聖書の創世記を読もう。天地創造の話、アブラハム一族の話、ヤコブの息子たちの話。創世記のあとは、出エジプト記。預言者モーセの登場だ。モーセはシナイ山で神ヤハウェと出会い、その命令で、イスラエルの民をエジプトから導き出す。そこから飛んで、ヨシュア記、士師記を斜め読みしたら、列王記を読もう。ダビデ王やソロモン王が活躍する。そのあと王国が分裂し、身勝手な王たちが神に背き、国を乱す。

旧約聖書のハイライトは預言書だ。拾い読みでもかまわない。イエスは旧約聖書からたくさんの引用をした。「汝の主である神を愛せ」も、「汝の隣人を汝自身のように愛せ」も引用である。協会共同訳には引用が注記してあるので、イエスがどこから引用しているのかすぐわかって便利である。

イエスが十字架で亡くなったあと、残された人びとはその意味を考えた。それは愛のしるしで、人びとを罪のあるまま救うわざであると。このキリスト教のロジックを、しっかりのべているのがパウロの書簡だ。そこで仕上げに、ローマの信徒への手紙、を読むのがよい。

というのが標準コースだが、敷居が高いなあと思うひとは、橋爪大三郎『はじめての聖書』（河出文庫、二〇一七年）を読みなさい。小学校高学年向きに、聖書のエピソードをまとめてあって気軽に読める。桃太郎やかちかち山のように、欧米人なら誰でも知っている内容だ。

そのつぎは、橋爪大三郎『教養としての聖書』（光文社新書、二〇一五年）はどうだろう。聖書から六つの書物を取り上げ、さわりを紹介してある。聖書をまるごと読んだような気がするお得な新書だ。

さて、余裕があればぜひ試したいのは、英語で聖書を読むこと。ＫＪＶ（キングジェームズ欽定訳）は古くさいので、最近はいろいろ版が出ている。読んでみるとわかること。日本語の聖書は神に対する敬語だらけだが、英語の聖書にそんなものはない。人間と神は対等に口をきいている。これがほんとうだ。あと、旧約聖書はユダヤ教の聖典だから、勝手にキリスト教の訳語を持ち込んではいけない。この点、英語の聖書のほうが学術的にずっとしっかりしている。

まあ、贅沢は言わない。ともかく聖書を読みましょう。その前にまず、買いなさい。買わなければ、話になりません。

（はしづめ・だいさぶろう　社会学者）

『聖書　聖書協会共同訳』日本聖書協会、二〇一八年

現実ではいまだ見ぬ世界

――『漢詩鑑賞事典』

近藤サト

「人生一〇〇年、五〇歳は折り返し地点」と言いますが、この折り返しって言葉が私はあまり好きではありません。箱根駅伝じゃあるまいし、往復で折り返したらまたスタートに戻っちゃうじゃない！　そんなへそ曲がりなことを言う私ですが、人生を五〇年以上生き、そこそこ本も読んできて「ああ、これは年波の賜物だわね」と感じるのは、いろいろ経験したからこそ、より具体的に想像する力がついたことです。

全体、よくいう想像力の豊かな子供って、何を想像しているんでしょうか。岐阜県の山間部に育ち、世の中も知らず、呑気に時間を費やしていた少女時代、私にとって例えば、夏目漱石の『こころ』は、想像の限界を超えていました。

「本郷台を西へ下りて小石川の坂を真直に伝通院の方へ上がりました。」

そもそも田んぼや里山が日常でしたから、これはこれは田舎者を寄せ付けない仰々しそうな場所やわ……とビビり、そのうえ周りの大人では会ったこともないような辛気臭い男がいかにも頭の良さそうな顔つきでその恐ろしげな坂を下ってまた上がる……なんやよう分からん、くらいにしか想像がつきません。

「彼の心臓の周囲は黒い漆で重《あつ》く塗り固められたのも同然」

このくだりも、いかに苦しい心の状態なのか、正月の漆の重箱を想像して考えるより他ありませんでした。でも、それから数十年齢を重ねた今の私には、

「この幸福が最後に私を悲しい運命に連れて行く導火線ではなかろうか」

という先生の言葉に、己の心の澱《おり》を弄《まさぐ》ってわずかに近しいものを探り当て、得心し、先生の佇まいを思い描き、心情をすっかり推し量ることができるのです。

ただし、この行為は私のあまり好まない「折り返し」の読書なのだと思います。それは人生を振り返るきっかけになり得ますが、私は元来、人生一直線タイプ。どうせなら、現実ではいまだ見ぬ世界に、読書を通じて触れてみたい。

そこで、同じく想像力自慢の五〇代以降の方々と、ぜひとも共有したい本があります。石川忠久編『漢詩鑑賞事典』です。厳選された中国の名詩二五〇編に、読み下し、丁寧な翻訳、品格に満ちた鑑賞の手引きが添えられています。

中でも私の想像力を刺激してやまない二編をご紹介しましょう。

鹿柴《ろくさい》　王維

空山不見人
但聞人語響
返景入深林
復照青苔上

深山は果てしない静寂。どこからかともなく微かに聞こえる人の声。静けさが最も深くなった時、沈みかけた夕日が木々の隙間から林に差し込む。すると光が一瞬だけ、ひっそりと息づいている苔を照らす。思いがけず、燦然と浮かび上がる地上の青。息を呑む絶景です。詩が呼び起こす壮大な絵画。

江雪《こうせつ》　柳宗元

千山鳥飛絶
萬徑人蹤滅
孤舟簑笠翁
獨釣寒江雪

見渡す限りの山々に飛ぶ鳥一羽も無く、道という道に人の姿もない。見ると、小舟に簑笠を被った老人。たった独り釣り糸を垂れている。山と河と老人、雪は音もなく降り積もる。

過酷で容赦ない自然を想像させるこれもまた絵画的漢詩です。さらに各句の最初の漢字と最後の漢字を順に読むと、「千萬孤獨」「絶滅翁雪」。一体どれほど途方もない孤独か。

私はこういった山水詩と言われるものを味わうのが好きなのですが、他の詩もたびたび読み返しています。本書には、教科書で習った超有名な作品をはじめ、時代を追って多くのジャンルを収録していますから、どんな読者にも必ず気に入る詩がいく編も見つかるでしょう。

ご承知のように夏目漱石も優れた漢詩を残しています。本書の巻末付録には日本の漢詩がまとめられており、漱石の作品は二編が紹介されています。編者の石川忠久先生は、明治以降の漢詩では漱石の詩を最も評価しており、「内心の感懐を吐き出すような、時には禅味を帯びた、思索の詩が多い」と述べています。

さらに石川先生は言います。漢詩は世界最高の詩歌であり、人類の宝であると。その宝をさらに磨くのが、想像力だと言えましょう。五〇歳を迎え、想像力をそなえたみなさんは、漢詩の深い輝きに触れる術を手にした幸運な人たちなのです。

（こんどう・さと　フリーアナウンサー）

石川忠久編『漢詩鑑賞事典』講談社学術文庫、二〇〇九年

歌の流れ
——川端康成「東海道」

小池昌代

恋の対象は人間だけではない。五〇を越えたとき、私は和歌に恋をした。広々と深い、その時空間に吸いこまれ、突き動かされるように和歌を学び始めた。わからないことだらけなので、ほんの少しがわかるだけで嬉しい。わからないことが更に増えていくのも（そっちの方が多い）、いよいよ歌に惑わされていくようで嬉しいのだ。

国文学者の岩佐美代子さんが、生前のインタビューで、こんな趣旨のことをおっしゃっていた。すなわち、和歌は生涯をかけて読んでいくもので、わからないことがあっても、そのわからなさを抱きしめ生きていくと、いつか必ず、わずかでも、解き明かされる瞬間がやってくると。心の内に、そのときぱっと花が開いた。私は思った。長く生きるのも楽しいかも。

和歌はかくして人を強欲にする。和歌という詩型自体が、どこか人間の業のようなものに、深くつながっているようにも思う。

川端康成の中編「東海道」には日本の古典詩歌が豊富に出てくる。この作家には、他の作家にはない、独特の豪胆な怖ろしさがあって、「伊豆の踊り子」のような優しい作品にすら、その気配の兆候が感じられる。その源流をたどっていくと、和歌に感じた「業」なるものに合流するのではないかと私は思う。詩表現としての業であり、人間としての業、日本文化の底に眠る業。業という言葉自体、極めて曖昧で、私は今ここで何も言っていないに等しいが、言葉にするのが難しい。

「東海道」は敗戦二年前、まず、満洲日日新聞で連載が始まった。こうした時代背景に照らし、本作を批判的に読み返してみたい誘惑はあるが、その点はひとまず脇に置く。

語り手は、作者自身を思わせる高校の国語教師・植田である。彼はかつて東海道を行った、古の詩人たちに思いをはせる。『更級日記』の作者・菅原孝標女《すがわらのたかすえのむすめ》、采女《うねめ》として宮中に召された小野小町《おののこまち》……。

彼女らを漂流する旅人と見る視線は新鮮で、本作には各時代の文学少女たちを温かく見守る作家の視線が通う。文学少女の一人は、一三になる、植田の娘、絹子である。彼女の読書欲は「野性の噴泉じみていた」と書かれている。

ただ、この作品、未完の上に途中が抜けており、失敗作だと言う人もいる。そうかもしれないが、なぜだろう、私は今も、大事に読み返す。一つには、ここに表された古歌への憧憬に哀しみが感じられるせいかもしれない。川端作品の土台には、一見、そう見えない場合でも、日本の古典文学が岩盤のように横たわっている。本作には、日本文化礼賛だけでなく、その限界に触れたところ、和歌への批判的眼差しがのぞくところもあって、私には手強く発見が多い。

『伊勢物語』を初めて読んだ絹子が、ある男の恋歌「いにしへのしづのをだまき繰りかへし昔を今になすよしもがな」を読み、「お父さま。しづのをだまきくりかへしって、静御前《しずかごぜん》のうたじゃないのね？」と失望する場面は面白い。絹子は静御前が、人の歌を真似して、ずるいわと言う。

静御前は義経との悲恋で知られるが、鎌倉に幽閉された際、頼朝（義経の兄）に命じられ、「しづやしづしづのをだまきくりかへし昔を今になすよしもがな」と、義経を恋い慕いながら歌い舞ったとされている（『吾妻鏡』）。しかしこの歌は、『伊勢物語』だけでなく、『古今和歌集』にも詠み人知らずとして収録されているのである。

つまり、この歌には多くの人間の心が溶け込んでいて、一人の人間の個性が創り出したというわけではない。それを植田は娘に伝えようとして、どう言えばいいのか、迷って口をつぐむ。歌というものはこのように変容し、物語を生成し、再生しながら時代を越えてゆく。「自分ひとりが、考えているのではない。古来の人の心の積み重なり、人間の長い生命の流れが、自分に現れて、考えているのだ」と植田は思う。「東海道」を読んでいると、ああ、と思う。その流れが、私たちの心にも、確かに注がれていると感じるから。

（こいけ・まさよ　詩人、作家）

川端康成「東海道」：『天授の子』新潮文庫、一九九九年ほかに所収
※現在は電子書籍で読むことができる

古典の扉を開いてくれた衝撃訳

——橋本治『桃尻語訳 枕草子』

酒井順子

学生時代は古文が苦手すぎて、なぜこのようなものを学ばなくてはならないのか、と怒りすら覚えていた私が、橋本治『桃尻語訳 枕草子』（上中下）を読んでみたのは、二〇代のある日のことでした。その昔、「桃尻娘」シリーズを愛読していたからこそ、「桃尻語訳」という部分に興味を覚えたのです。同時に、エッセイを書く仕事をすでにしていたことから、「エッセイストの祖の作品ぐらい、読んでおかなくてはいけないのではないか」とも思っていました。

『枕草子』を、現代（一九八〇年代当時）の女の子の話し言葉で訳したこの本。最初の一文、

「春って曙よ！」

は、世に衝撃を与えたものでした。

教科書に載っているような訳では、「春は夜がほのぼのと明けようとする頃（が良い）」というように、様々な説明がつきがちでした。対して「春って曙よ！」からは、作者である清少納言が伝えようとしていた魂のようなものが、滲み出ていたのです。

その時の私はまだ気づいていませんでしたが、桃尻語訳とは、意訳でもなければ、教科書のように説明がたくさんぶら下がった訳でもありませんでした。原文通りの構造で、「をかし」は「素敵」、「あはれ」は「ジーンとくる」など、一つの単語には原則として一つの訳を当てはめた、逐語訳だったのです。

ですから『桃尻語訳 枕草子』がわかりやすいかというと、そうではありません。原文に主語がないと桃尻語訳でも補われないし、原文が延々と続く場合は、桃尻語訳も句読点で区切られることなく、延々と続く。決してサラサラ読める文ではないのです。

古典に関する基礎知識を持たない私のような読み手を手助けしてくれるのは、それぞれの段の最後に記される長い「註」でした。清少納言が仕えていた中宮定子さまとは、どのような方なのか。清少納言と紫式部との関係は。寝殿造りって？　清涼殿って？……と、「註」と「枕草子」を交互に読み進むにつれ、あの時代の事情が、私にも次第に理解できるようになってきたのです。

それ以上に私にとって大きい経験は、「清少納言は、自分と同じ人間である」という事実がわかったことでしょう。昔の人は皆、花鳥風月にしか興味のないつまらない人。……くらいに思っていたのが、自分と同じように嫉妬もすれば自慢もし、恋や美容や人間関係に悩んだまぎれもない人間なのだ、という実感が迫ってきたのです。

千年前に生きていた人も、「人間」。ということは、その前や後に生きていた人も全て、「人間」。……というごく当たり前のことが今までわかっていなかった、ということが『桃尻語訳 枕草子』を読むことでわかった私。すると、世界が過去の方面にぐっと広がったような感覚に。

橋本治さんがこの本において表現しようとしたことは、おそらく『枕草子』という作品を書いた清少納言の人間性なのだと思います。橋本さんが長い時間をかけて原文に忠実に訳したことによって、当時の若い女性にも通じる彼女の精神は見事に蘇り、現代と平安はつながったのです。

この本が古典の世界の入り口となり、少しずつ他の作品にも親しむようになった私。その後、人生の山やら谷やらを越えるにつれてますます古典が沁みるようになってきたのであり、今もたまに、

「春って曙よ！」

の一文を思い出しては、千年前の人の魂に触れているのでした。

（さかい・じゅんこ　エッセイスト）

橋本治『桃尻語訳 枕草子』（上中下）河出文庫、一九九八年

読むと生きる力がわいてくる
——開高健『オーパ!』

三浦雄一郎

私が子どもたちを連れてアラスカのキャンプへ行ったとき、アンカレッジの空港で偶然、開高さんにお会いしたことがあります。開高さんとはそれ以前にも、対談や食事をする機会が何回かありました。

飛行機を降りてから迎えの車がくるまで一時間近く、お互いに夢中になって話をしました。開高さんはそのときも釣りの話をしていました。

もともと私は開高さんのファンで、最初に読んだのは『ベトナム戦記』(朝日新聞社、一九六五年)。戦争体験が衝撃的で、それ以来多くの作品を読んでいます。『オーパ!』(集英社、一九七八年)は、大自然の中で怪魚を釣る、スケールの大きさが魅力です。アマゾン河に始まり、「アラスカ篇　カリフォルニア・カナダ篇」「アラスカ至上篇・コスタリカ篇」「モンゴル・中国篇　スリランカ篇」と長い旅が続きます。

なぜこの本を薦めるのかといえば、開高さんの文章は日本語の表現が素晴らしく、感性や心を高揚させてくれます。読むと生きる力がわいてくる、そんな作品が多いのです。とくに『オーパ!』はユーモアが利いているし、比喩が面白い。日本語が絢爛豪華に表現されていて、ほんとうに素晴らしいと思います。私とは違う視点ですが、自然が相手という点では共通しています。

私は現在(二〇二二年)、病気の後遺症による頸椎損傷のリハビリ中で、本はあまり読んでいないのですが、開高さんの本なら一章でも一ページでも、思いつきでパラパラ眺めるだけでも楽しい。読むと元気が出てきます。

『オーパ!』の最初の巻で開高さんが初めてアマゾン河を旅したのは、四六歳のときでした。そこから長い時間をかけてこのシリーズが生まれたわけです。

一方、五〇歳の頃の私はまだ夢中で山に登っていました。いずれエベレストにも登ってみたいという夢を持ち、世界七大陸の最高峰・セブンサミット登頂を目指していた。それが、六〇歳の頃には「もうやることもないし……」と思って、飲み放題、食べ放題。まさにメタボで、階段の上り下りもしんどいような状態です。ただ、人生このまま終わっていいのか? という気もちもありました。

その頃、父（プロスキーヤーの故・三浦敬三）は九九歳でモンブランをスキーで滑り、息子（プロスキーヤーで登山家の三浦豪太）はオリンピックやワールドカップに出場していました。二人から刺激を受け、「俺もなにかしよう。いま決心しなきゃ一生登れない」と思い、エベレスト登頂の夢のためにスタートをきったのです。六五歳でトレーニングを再開し、七〇歳、七五歳、八〇歳で登頂に成功しました。

今思えば、五〇歳を過ぎても希望はいくらでもあります。六〇代の頃、始めておいて本当によかったと思います。

私は読書が好きで、沢木耕太郎さんや登山や探検ものなどのノンフィクションを中心に、ジャンルを問わず読んできました。以前読んだ本を繰り返し読むこともありますが、年をとったからといって印象が変わることはあまりありません。何回読んでも飽きないし、新鮮な感動があります。

細部を忘れていることはありますし、読み直してここが良かったと再認識することもある。良い本と出会いたかったら、自分の書棚を探してみるのもお薦めです。

九〇歳になった今はリハビリの最中ですが、息子の豪太が一生懸命サポートしてくれて少しずつ良くなっています。今年の冬からスキーを復活してみたいし、スキーができたら山歩きもしてみたい。今のところ最高の目標は、富士山を登れるようになることです。

豪太が車椅子を用意して、何人かでチームを組んで富士山に登る計画を立てています。私自身も車椅子で富士山へ行ってみたいという人を引っぱりあげたことがありました。体が思うようにならないときの登山はなおさら大変ですが、登ったときの喜びは格別です。

山には必ず本を持って行きます。開高さんの本は必ず、ちょっとした旅行でも鞄に入れています。富士山に登るときには、また持っていこうと思っています（その後、二〇二三年八月に九〇歳で富士山に登頂した）。

〔談〕

（みうら・ゆういちろう　冒険家、プロスキーヤー）

開高健著、高橋昇写真『オーパ！』集英社文庫、一九八一年

「あらかじめ」のない旅へ

――ジョン・スタインベック『チャーリーとの旅』

角野栄子

「ここではないどこかへ行きたい」。このアメリカのノーベル賞作家は、ずっとずっと思い続けている。「歳を重ねれば熱も冷める」となだめられても、船の汽笛の音を聞けば首筋の毛が逆立ち、ジェット機のエンジンの唸りに胸が震える。それはいくら歳を重ねても変わらない。そして、五八歳。「いざ、出発の時！」とアメリカを東から西へ、そして、西から東へとぐるっと廻る旅に出る。何でも見たいから、ぎりぎりの遅さで車を走らせる。

アメリカ人作家としてアメリカを書いてきたのに、祖国を知らない、という思いがこの作家にはあって、人にではなく自分に知らせるために、旅について書き留めていくと言う。それがこの分厚い本。この高名な作家が素の自分になって旅する本と言ってもいい。チャーリー（本名シャルル・ル・シアン）というフランス生まれの老プードル犬を連れて、改造車ロシナンテ号を寝床にして。そして、「旅は結婚に似ている」とつぶやく。コントロールしようというのが間違いのもとなのだと。なんともそそられる旅なのだ。そして読者も「ここではないどこかへ」共に走ることになる。

一九六〇年、今から六十数年前の話。そんなセピア色した旅行記なんて……とそっぽを向かないでほしい。確かに、宿のシーツやウエイトレスの前掛けが化繊だと嫌がるこのおじさんの言葉には、時代を感じて笑える。けれど、読み進めるほどに、人を通して風景を感じ、風景を通して人を受け入れる作家の眼差しの温かさと謙虚さに引き込まれていく。偶然の出会い一つ一つが実に面白い。巧まれたものではないので、どんな展開になるのか、ワクワクと想像が膨らむ。出会いは実に様々。事件も様々。たとえば、長年農業を営んできた老人の言葉に感銘を受けたり。早朝のカフェで出会った寡黙な狩人との会話に戸惑ったり。牛寄せのラッパを吹いたら、それが発情期の声だったので、五〇〇キロもあろうかというご婦人牛に囲まれて、慌てて逃げ出したり。また、愛犬チャーリーに巨木中の巨木をぜひとも見せたいと車を走らせた結果、犬が見せた反応と言ったら！　その面白さに、気がつくと、しばし立ち止まって、ページを繰るのを忘れている。実に味わい深く、かつ知的な旅行記なのだ。

旅に出る前に出会った政治記者の言葉が面白い。「旅している間にガッツのあるやつにあったら、教えてくれ。大統領に推薦したいから」。一九六〇年はケネディとニクソンの大統領選真っ盛りというのに、それでもガッツのある人がいないと嘆く人がいる。いつの世も変わらず、現状に飽き足らず、諦めない人がいるものだ。「行き先は西なのに東に旅してしまうというのは、私にはよくあることである」と彼は言う。「あらかじめ」のない旅。まるでいたずら書きでもしているような旅なのだ。ふと持ってしまった鉛筆が走り始め、それはどんどん広がって、どこに行くのかわからない。でも止まらない。発見と驚きの連続。そして世界との深い共感。

人生の後半にいるかたがた、そんな旅をしてみたらいかがでしょう。何しろアメリカ大陸をぐるりと満喫できる旅なのだから。残念ながら体力も時間もないという向きには、ぜひともこの本をおすすめしたい。でも読み終わる頃には、愛犬チャーリーと改造車ロシナンテ号を調達したくなっているのでは?

「私のような旅をしていると、見るべきものや考えるべきことがたくさんあるので……ごちゃごちゃに混ざり合ってしまう。地図を正確に知る旅行者もいるだろう。私はそうではない。私は生まれながらの迷子なのだ」

長い迷子の旅をしていた彼が、もうすぐ我が家につくという時、本当の迷子になってしまうという落ちまでついている。愛さずにはいられない旅の物語だ。

（かどの・えいこ　児童文学作家）

ジョン・スタインベック著、竹内真訳『チャーリーとの旅』ポプラ社、二〇〇七年

秘蔵の〝お取り置き〟を開いてみたら

——幸田文『雀の手帖』

小林聡美

家のことも、仕事も一切しなくていい、といわれたら、家の本棚に並んでいる本を引き出して、ゆっくりゆっくり読書をしたいと思います。残念ながらそんな身分ではないので、日々の雑事に追われつつ、その隙間で本を読むというありさまです。

仕事で本を読むこともありますが、そんなときは「早く読まねば」とどこか気がせいてしまいます。「好きなだけ、ゆっくり本を読んでよし。感想文もなし」というのが最高です。もともと本を読むのは遅くて、知らない言葉や気になることが出てくると、調べたくなる性格なので、それで余計時間がかかるというのもあるかもしれません。

手元に置く本は、そんなですから、読み終わるものより、これから読む予定のものの嵩のほうが増えていきます。そして、ある日気がつくのです。人生、読書にあてられる時間には限りがあるということを。私の読書の速度ならば、読み終えることのできる本の数も微々たるもの……。そう思うと、これまでいつか読もうと大事にしてきた本こそ、今、読む時なのだ！　と、ビビビッと背筋に電気が走りました。

私の手元にある、幸田文さんの『雀の手帖』は、平成五（一九九三）年に新潮社から出版されました。初出は昭和三十四（一九五九）年、新聞に連載されたものだそうです。私はその平成五年版を、発売当時購入していました。今、計算してみたら、私は二八歳だったようです。ついこの間買ったつもりでいましたが、え？　三〇年近く経つのでしょうか。お恥ずかしながら、幸田露伴の娘で、その随筆も素晴らしい、という評判は聞いていましたが、露伴もきちんと読んだことがなければ、文さんもまた然りでした。二八歳だった私は、何を思ってこの本を買ったのでしょうか。おそらく、幸田文という人の書いたものはきっと好きだ、という勘と、この本のきりっとした装丁のカッコよさに惹かれ、お財布のひもを緩めたのではないかと想像します。

もちろん、買った当初、何ページかは読んだと思うのです。でも、そこからぐわっと読み進むことはなかった。そこに書かれている世界はきっと好きだけれど、それをちゃんと味わえるのはもっと先かも、と当時の私は思ったのかもしれません。しかし、翌年、同じく新潮社からまたカッコいい装丁の『動物のぞき』が出版されたのも買ってしまいました（ジャケ買いというやつですね）。気がつくと、手つかずの幸田文の本が何冊か本棚に集まっている状態に。それらはいつかのお楽しみにお取り置きされているような感じでした。

つい最近、本棚の整理をしたとき、なんだかいよいよ呼ばれているような気がして、『雀の手帖』を開いてみました。

『雀の手帖』は彼女が五五歳のときに書かれたもの。毎日の連載（ここがすごい！）で計一〇〇回。新聞の読みものだからでしょうか、身近な話題ばかりです。

明治生まれの五五歳の文さんが、ずいぶんモダンになった昭和を生きています。それは昭和に生まれた五六歳の私が令和を生きているのとかさなって、時代は違うけれど共感できる部分がおおいにあります。まだ元気だけれど、若い頃の元気とは違うことだったり、ついていけない流行に戸惑ったり、人生のさみしさにしみじみしたり。才気煥発な彼女の捉える細やかな世界と、その人間としての底力にはなんともいえない畏怖と安心感を覚えます。そして、そこには懐かしい昭和のにおいもあるのでした。

偶然にも文さんとまさに同世代の今、この本のページを開けたことに感謝です。今の私だからこそ味わえる幸田文ワールド。こんなベストマッチな出会い（再会？）があると、他のお取り置きも早く読みたい、と思うけれど、ちょっともったいない気もして、また寝かせてしまうのでした。

（こばやし・さとみ　俳優）

幸田文『雀の手帖』新潮社、一九九三年／新潮文庫、一九九七年
※現在は電子書籍で読むことができる

寝る間も惜しんで浸る幸せ

――ドナルド・E・ウェストレイク『ギャンブラーが多すぎる』ほか

南　伸坊

私は勉強が苦手です。それから読書も、勉強のようなものだと思って苦手です。が、本によっては、時々とても面白い時がある。こんな時はどんどん読書がすすんで、寝る間も惜しんで読んだりするので、どうも不思議だなと思っていました。この歳になると（後期高齢者になりました）勉強だって時には面白いと分かっていま す。いままで苦手だったのは、興味を持つ前に勉強の方から立ちはだかるからなんでした。

面白いというのは、私の考えでは、自分なりにとらえた世界というものがまずあって、その世界が新たに広げられるような時に、おとずれる感情のようです。既にわかりかけていたことを、更にわかり直す。面白いという感情は、つまり「わかり直した」ときにあらわれるものらしい。

読書がとにかく苦手だった時には、なるべく短いものを選ぶようにしていました。その点では好都合だったのが、中国の怪談でした。なにしろ一篇ずつが、すこぶる短いので読むだけならすぐ読める。そのようにして何篇も読むことで、そうした世界をぼんやりとつかむことができるようになったらしい。

そのうち、自分の好みが出てきて、いわゆる「味わい」が感じられるようになる。私はナンセンスな奇妙な味のする話が好きですが、もともと中国の怪談にはそういう好みがあるようです。

たとえば、仙人の列伝である『列仙伝』には修羊公《しゅうようこう》という仙人が出てくるんですが、この仙人は「景帝に用いられたい」という望みを持って山を下りてきて、そのように願い出る。

景帝は厚遇して邸に住まわせ、何不自由なく暮らさせますが、「修羊公」は何年経ってもその術を見せないで、ただ何もせずにのうのうと暮らしている。さすがにしびれを切らして、係のものに尋ねさせます。

「修羊公におかれましては、いつになったらその術をお表しになられますか」

聞くやいなや、修羊公はその場で化して石の羊になってしまいます。石の羊の横腹には「修羊公天子に謝す」と彫り込まれていました。しかたないので台座を設けてその石の羊を安置しておきましたが、いつの間にか、その石の羊も何処かへ去ってしまった。というような話です。まァ、話の内容としては、何とも「何のことやら？」というようなものですが、この話を私はやけに気に入ってしまいました。

この話に出会う前段に、図書館で見つけたのが平凡社の東洋文庫に入っている怪談で、『幽明録・遊仙窟』や『捜神記』『酉陽雑俎《ゆうようざっそ》』といった本で、やがて借りるだけではなくて一冊ずつ買い揃えていくようになりました。おかげで私は、その後これらの本の気に入った話をマンガにして『仙人の壺』や『李白の月』という本を出したりしました。

ますます「話は短いのにかぎる」とばかりに思っていましたが、実は「そうでもないかな？」という体験をごく最近したんです。私は例外的にドナルド・E・ウェストレイクというアメリカの小説家のドロボー小説が好きなんですが、これは偶然ツマが面白そうに読んでいたのを、横取りして読み始めたのです。

面白いので文庫になってるようなものはたいがい読んでしまったんですが、今月になって、今まで訳されてなかった『ギャンブラーが多すぎる』っていうのが文庫で出たので、買って読み始めたら、やめられない。寝るのも惜しんで一気に読みきってしまいました。たのしい読書をするには、好きな作家や好きなジャンルに出会うのにかぎるな、と今では思っています。

（みなみ・しんぼう　イラストレーター）

劉向・葛洪著、沢田瑞穂訳『列仙伝・神仙伝』平凡社ライブラリー、一九九三年
前野直彬・尾上兼英他訳『幽明録・遊仙窟 他』東洋文庫、一九六五年
干宝著、竹田晃訳『捜神記』東洋文庫、一九六四年
※現在は平凡社ライブラリー、二〇〇〇年で読むことができる
段成式著、今村与志雄訳『酉陽雑俎』（全五巻）東洋文庫、一九八〇〜八一年
ドナルド・E・ウェストレイク著、木村二郎訳『ギャンブラーが多すぎる』新潮文庫、二〇二二年

冒険小説のような死後の世界

――ダンテ『神曲』

横尾忠則

四五歳の時、僕は突然グラフィックデザイナーから画家に転向してしまいました。魔が差したとしか考えられない突発的な内なる未知の見えない力によって洗脳されたとしかいえないような出来事でした。すんなり画家になったのではなく、何んだか運命のいたずらによってもて遊ばれているような気さえしたのですが、後に引き返すことのできない力が働いていました。そんなモヤモヤした時期に、どこかの出版社から送られてきたダンテの『神曲』を思わず開いたのです。魅力的な挿絵が沢山入っていたので挿絵に惹かれて、読み始めたら、面白くて止められなくなってしまいました。

『神曲』は長編叙事詩で、ダンテの描く死後の世界の旅行記で冥界の案内人ウェルギリウスによって地獄、煉獄、天国を生きたままで彷徨するという、想像を絶する霊界訪問記です。以前から死後の世界に興味のあった僕はエマヌエル・スウェーデンボルグの

『霊界日記』などを読んでいたので、この難解だといわれていた『神曲』が実にすんなりと読めたのです。『神曲』は世界文学の最高峰といわれているそうですが、僕には読み出したら止められないほど次々と展開される死後の世界の面白さにまるで冒険小説を読んでいるようにすらすらと読めたのです。

『神曲』は、僕には夢を見ているようで、肉体から抜け出した霊魂のような存在になって、自由自在に霊界をウェルギリウスの案内に導かれながら、まるで自分が体験しているような気持ちになるのです。地獄で苦しむ死者の目を覆うような恐しい光景を真近に目撃しながら最下層の奈落の底の地獄から、脱出して、次の煉獄に導かれるのですが、ここで初めて空に星の光を見て、自分自身がやれやれと思うのです。

煉獄は高慢、嫉妬、怒り、怠惰、貪欲、大食らい、色欲という、いわゆる煩悩の罪に悩み苦しむ、まあ、われわれの現世そのままを生き写しにした世界へと入っていくのですが現世と相似形になっています。この煉獄界は現世の罪を浄めるところで、誰もが行く世界らしく、ここで浄化された魂の人々の世界をダンテは見せられるのです。

死んだら「無」という考えの人達にとってはこの『神曲』はあり得ない世界の話として、面白くないかも知れません。仏教では悟りの修行を求めますが、その理由は、死後、地獄に落ちないため、できれば煉獄での経験を生きている間に仏教的な修行によって体験させようとするのではないでしょうか。

肉体が失くなって死後の世界で修行するより、現世で肉体経験を通して、煉獄を先き取りしてしまおうとするのではないでしょうか。すでに述べましたが煉獄はあまりにもこの現世とそっくりの世界なので、死後いきなりここに来た霊はここが死後の世界だということに気づきません。現世は煩悩の世界で一口でいうと欲望に支配された世界です。つまり人間至上主義というか、人間欲がそのまま象徴されています。この煉獄で人間欲を浄化した魂のみが、上の霊界に入ることができるというのです。

ダンテは水先案内人のウェルギリウスと煉獄で別れ、かつての恋人ベアトリーチェの待っている天界へと向います。天界の住人は輪廻転生のサイクルから離脱した不退転の世界で、二度とこの地上には再生しません。そんな死後の世界の理念を肉体のまま経験したダンテは人類全ての憧れの対象です。


（よこお・ただのり　美術家）

ダンテ著、平川祐弘訳、ギュスターヴ・ドレ画『神曲（完全版）』河出書房新社、二〇一〇年

初めて知った戯曲を読む楽しみ

――テネシー・ウィリアムズ『ガラスの動物園』

小川洋子

五〇代になって初めて、舞台の面白さに目覚めた。それまでは、子育てと執筆で精一杯だった。仕事で上京した時、ちょっと時間を作ってお芝居を、などという考えは浮かびもせず、とにかく一本でも早い新幹線に乗って帰らなければと、ただひたすらに焦っていた。

今から振り返ってみれば、そこまできりきり舞いする必要もなかったのにと思う。もっとゆったり構え、広い心で人生を楽しんだとしても、罰は当たらなかっただろう。その余裕が、自分の書く小説に思いも寄らない光を与えてくれたかもしれない。しかし当時は、趣味に時間を使うくらいなら、一行でも小説を書くべきだ、と自分で自分を脅迫していた。

ところがある日、ふと気づくのである。両親は見送った。犬も文鳥も死んだ。息子は巣立った。ようやく朝から晩まで、好きなだけ小説の書ける時が、やって来たのだ。

　それなのに、なぜか空しい。さあ、いくらでも時間はあるぞ、書け、書くんだ、と自分を鼓舞してみても、元気が出ない。所詮自分には、一日中小説を書き続ける能力も体力もなかったのだ。

　そんな時に私を救ってくれたのが舞台だった。生身の人間が舞台上で発する言葉と、小説の言葉の間に、これほどの違いがあるということにまず驚いた。小説世界の中に記された言葉は、無音のまま、たった一人の読者の胸に音色を響かせる。役者の言葉は、肉体や音楽や装置や、さまざまな装飾に彩られながら、その日、その時集まった観客だけが共有できる秘密の意味を持つ。

　そして私は初めて、戯曲を読む楽しみを知った。それまで、あらゆるジャンルの本を先入観なしに読んできたつもりだったが、戯曲だけにはなぜか手がのびなかった。舞台を観ないで本だけ読んでも面白くないだろうと思い込んでいた。大きな誤解だった。

　芝居は未見のまま、テネシー・ウィリアムズの『ガラスの動物園』を初めて読んだ時、いっぺんでローラの虜になった。母の期待に応えようとするが、上手くいかず、どうしても外の世界に出てゆけないローラ。心の声を受け止めてくれるのは、ガラス細工の動物たちだけだ。そこに、弟トムの友人で、高校時代あこがれていたジムが遊びにやって来る。

ジムに、ローラが自分のコレクションを紹介する場面が忘れがたい。彼女は、えこひいきはいけないけれど、と言いながら、ユニコーンが一番のお気に入りだと告白する。現実には存在しない孤独な動物だが、寂しがったりせず、他のみんなと仲よく暮らしている。壊れやすい一本の角を持つガラスのユニコーンを、自分と重ね合わせているローラが愛おしくてならない。ローラの思いがジムに届くはずがない、という予感がページに満ち満ちている。

ほどなくして、『ガラスの動物園』を観劇した。演出は上村聡史、ローラは倉科カナ、母は麻実れい、トムは岡田将生、ジムは堅山隼太。舞台では、ローラの孤独を上回る、母の狂気じみた執着が世界を覆っていた。ローラの愛するユニコーンの角を折ったのは、ジムではない。母だったのだ。

本を読んでいたおかげで、一歩も二歩も深く、お芝居に入り込むことができた。イメージしていた人物像と、実際目の前で動き回っている彼らが、時に重なり合い、時に全く異なる横顔を見せ、息を飲むほどの緊張感を味わった。劇場を出る時の、一種の虚脱感と、一冊の本を閉じる時の、静かな淋しさは、似ているようで全く異なる体験だった。読書にはまだ底知れない喜びが潜んでいる。残りの人生でそれをどこまで味わえるか、楽しみは尽きない。

（おがわ・ようこ　作家）

テネシー・ウィリアムズ著、小田島雄志訳『ガラスの動物園』新潮文庫、一九八八年

Ⅳ　再　読――二度目からが本当の読書である

荷風を愛した東京の旅人
――野口冨士男『わが荷風』ほか

川本三郎

再読からが本当の読書という。

野口冨士男（一九一一～九三）は、永井荷風の『濹東綺譚』、川端康成の『雪国』、そして志賀直哉の『暗夜行路』をそれぞれ、六、七回は読んでいるという。

それに倣えば、私は野口冨士男の『わが荷風』を繰返し読んでいる。

この本は一九七五年に集英社から出版され、その後、三度、文庫化されている。一九八四年に中公文庫、二〇〇二年に講談社文芸文庫、そして、二〇一二年に岩波現代文庫。名著であることが分かる。

野口冨士男は地味な純文学作家でベストセラーとは縁がないが、愛読者は多く、没後三〇年ほどになるのにいまも旧著が着実に復刊されている。

私が永井荷風を繰返し読むようになったのは五〇歳を過ぎた頃から。それまでも教養として読んではいたが、本当に好きになったのは五〇歳を過ぎてから。

というのも、荷風の文学は、近代日本の多くの作家が青春を描くことが多かったのに対し、早くから自らを「老い」の位置に定め、そのことによって生ま生ましい現実社会と極力関わらないようにしたから。老人文学である。今日、荷風が高齢の男性に圧倒的に人気があるのはそのため。

この荷風文学を読むためのよき手引きとなったのが野口冨士男の『わが荷風』。随筆風の評論で、読みやすく、荷風文学の魅力を読み解いてゆく。

それまでの荷風論は、花柳小説、好色文学の文脈で語られることが多かった。それに対し、野口冨士男は『わが荷風』で、荷風は、東京の町、とりわけ隅田川べりの下町を愛した都市の作家であるという新しい視点を強く打ち出した。

私ごとになるが拙著『荷風と東京――「断腸亭日乗」私註』（都市出版、一九九六年）は、この野口冨士男の視点を受継いでいる。

荷風は東京の町を実によく歩いた。

いまのように町歩きが流行になるはるか以前、大正、昭和前期に東京の町を歩き、よく観察した。

とくに東京の東、隅田川周辺をよく歩いただけではなく、さらに東の荒川放水路にまで足を伸ばした。『濹東綺譚』の舞台となった東向島の私娼の町、玉の井の町は荷風の東京散策によって「発見」された。

野口冨士男の『わが荷風』が面白いのは、そうした「歩く人」荷風に倣って、野口冨士男が実によく、東京の町を歩き、荷風が歩いた町を辿っていること。

単に書斎で書いただけではなく、足を使って書かれている。そこから荷風が見た東京の町に、現代の野口冨士男が見た東京の町が重なり合い、東京の町が豊かな町として立ち上がる。この本の執筆当時、野口冨士男は六〇歳を超えているが、その健脚ぶりには驚かされる。荷風を愛するがゆえに歩いたのだろう。

そこからこんな卓見も生まれる。

「ついに人間を愛することのできなかった彼（注、荷風）も、市中の景況——人間が住むことによって成立する陋巷《ろうこう》のたたずまいは愛してやまなかった」。さらにいう。「風景は荷風文学の源泉である」と。

野口冨士男には『わが荷風』の姉妹篇というべき、文芸随筆『私のなかの東京』がある。一九七八年に文藝春秋から出版され、一九八九年には中公文庫に入っている。

野口冨士男が生まれ育ってきた東京の町の思い出と、東京を舞台にした明治以後の文学作品を論じたもので、『わが荷風』同様、東京町歩きから生まれており、この二冊を読むと東京の町へ出かけてゆき、いまの東京の向うに、消えてしまった昔の東京を思い描きたくなる。

（かわもと・さぶろう　評論家）

野口冨士男『わが荷風』集英社、一九七五年／中公文庫、一九八四年／講談社文芸文庫、二〇〇二年／岩波現代文庫、二〇一二年
同『私のなかの東京』文藝春秋、一九七八年／中公文庫、一九八九年／岩波現代文庫、二〇〇七年

女の経験する苦の集大成

――『尼僧の告白』

伊藤比呂美

『尼僧の告白』という本があります。

岩波文庫で税込み五七二円。岩波文庫ではいちばん薄くて安いもののひとつです。他の薄くて安い岩波文庫の『般若心経・金剛般若経』九〇二円より安い。『風姿花伝』六三八円よりも安いが、『歎異抄』の五〇六円にはちょっと負けた。薄くて安いから、本屋で見かけるたびに買っていました。だからうちの中に何冊もあります。

初版は一九八二年、その頃私は二〇代後半で別のことに忙しく、仏教や女の苦といったものに興味を持ちだしたのは、もっとずっと後のことです。

買ったのはおそらく二〇〇〇年代、父や母の老いと死が視界に入ってきた頃でした。仏教の信仰があったわけじゃなく、ただ仏教的な説話や語り物に夢中になったのと、お経を詩だ語りだと思って読んだらおもしろくなってきて、現代語訳を始めたということがあります。

そんなとき、これを手に取って読んでうち震えました。

尼僧たちが、何人も何十人も、依存症のミーティングみたいに、次々に立ち上がって、自分の経験を、詩で語る。自分の苦を語り、おシャカさまに出逢った経緯、救われた経緯を語る。

女の経験する苦の集大成がそこにありました。「わたし」の語りを読むうちに、女たちがみんなでそれをシェアし共感して「わたしたち」の声になるような気がしました。

兄弟本に『仏弟子の告白』もありますが、私がくり返しページをめくるのは、ひたすら『尼僧の告白』の方。

読みやすい本じゃないんです。ストーリーがあるわけでもなく、中村元先生の、パーリ語から訳された日本語が、ぎくしゃくして、やたらにナマで。いや、私はそこが好きなんですけどね。そうだからよけい鏡みたいに「わたし」を映し出せるのです。

もともと目で読む詩ではなく、覚えて声に出して唱えた詩でした。

詩が詠まれたのは紀元前五世紀末から三世紀中頃、あるいはその少し後か。気が遠くなるほどの昔です。

その百年〜二百年前には、おシャカさまが生きていて、その周りに、悩み苦しみを持った人々、不運な人々、虐げられた人々が集まって、教団ができていった。男の出家者たちの教団ができ、女の出家者たちの教団もできた。『尼僧の告白』は（『仏弟子の告白』も）その一人一人の告白というかたちになっています。少し引用してみます。凄まじいです。

「わたしは、以前には、困窮していました。夫を亡い、子なく、朋友も親もなく、衣食も得られませんでした。」（チャンダー尼）

「子（の死）を悲しんで悩まされ、心が散乱し、想いが乱れ、裸で、髪をふり乱して、わたしは、あちこちにさまよいました。／四つ辻や、塵埃捨場や、死骸の棄て場所や大道を、三年のあいだ、わたしは飢えと渇きに悩まされながら、さまよいました。」（ヴァーシッティー尼）

「わたしは、分娩の時が近づいたので、歩いて行く途中で、わたしの夫が路上に死んでいるのを見つけました。わたしは、子どもを産んだので、わが家に達することができませんでした。」（キサー・ゴータミー尼）

「わたしたち、母と娘の両人は、同一の夫を共にしていました。そのわたしに、未だかつてない、身の毛もよだつ、ぞっとする思いが起りました。」（ウッパラヴァンナー尼）

最初は一行だけ歌う尼が一八人。次に二行ずつ歌う尼が一〇人、次に三行ずつ歌う尼が八人というように、歌う声はだんだん長く続くようになっていく。最後の尼は七五行を一人で歌い続けるのです。

実際にこれを聞いたら、ものすごいだろう。心は揺れ、からだも揺れるだろう。人に触れない、人前で声を張り上げない今となっては、ありえない熱のうねりがあるのだろう。この女たちの中に混じって、私も自分の苦を歌いたい、そして救われたい、と読むたびに思うんです。

（いとう・ひろみ　詩人）

中村元訳『尼僧の告白——テーリーガーター』岩波文庫、一九八二年

振り返ればここが原点

――獅子文六『悦ちゃん』

鈴木保奈美

人生で初めて手にした文庫本である。母の実家の本棚に並んだ、おそらく伯父や祖父のものであろうビジネスや歴史の本（森村誠一もあったと記憶している）の中で、このタイトルだけはわたしにも読めそうだ、と手を伸ばしたのだ。小学二年生であった。ちょいと拝借、と持ち出して、以来、何度引っ越しをしても、この本だけは手元に持っていた。数えてみたら四三年目。わたしの人生に、誰よりも寄り添ってきてくれた本。

獅子文六著『悦ちゃん』角川文庫。定価百四捨円也。初版が昭和三十二年で、わたしが持っているのは三十六年の一五版。紙はすっかりミルクティーみたいな色になって、ところどころ破れてもいるが、失われたページはなくて、健康状態は悪くない。

舞台は昭和十三年頃の、ハイカラで豊かだった東京。悦ちゃんは一〇歳のかなりおませな女の子だ。ママは三年前に亡くなってしまった。ロクさんと呼ばれる呑気なパパとそれなりに楽しい二人暮らしをしているが、やっぱりママが欲しい。パパの見合い相手の御令嬢や、気立の良い下町のお姉さんが登場して、悦ちゃんのママ探しやいかに、という具合に物語は進む。

四三年間携帯してきたけれど、しょっちゅう読み返しているというわけでもなくて、最近久しぶりに、きちんと読んでみた。子供の頃は完全に悦ちゃん目線で、融通の効かない大人たちに憤慨したり、銀座のデパートで買う海水着にワクワクしたり、ヌガーとチョコレートクリームの包みってどんなだろうと気になって仕方がなかったのだが、今となっては当然ながら、全く違うところに興味を引かれる。出てくる女性が、みんな強い。長屋のおかみさんだったりデパート・ガールだったり、教養の高い令嬢だったり富豪のマダムだったりと、それぞれ立場は違えど、みんなしっかり者だ。それに引き換え男性陣は揃いも揃ってちょっとずつネジが緩んでる。そのくせ、オイラは男だぜ、と肩で風切ってコケそうになる足元を、女性がサクッと支える。あれ？　二一世紀もおんなじじゃないか？　なんて思う。

令嬢の母上が、「六十近いお婆さん」と表現されていて、ギョッとする。ま、時代よね、時代。悦ちゃんと一〇歳しか違わないお姉さんが母性愛に目覚めるくだりには、泣ける。等々、改めて良くできた小説だなあ、と面白く読んでいたのだが、実はこの度、わたしにとっては更なる大発見があった。

平易な言葉遣い。リズミカルで簡潔な文章。生真面目に順序立てた描写に、ちりばめるユーモア。時々著者が自分にツッコミを入れてバランスをとるところ。これ全部、わたしが文章を書くときやろうとしていることだ！　そうして、文中に「そうして」が出てきてもっと驚いた。わたし、いっつも「そうして」って書いてる、「そして」じゃなくて！　これ、獅子文六さんの真似だったんだ……。

好きな作家の作品を読んだ後はどうしても調子が似てしまって、「今回ちょっと吉本ばななな風だな」とか「三浦しをん節になってます、はい」という自覚はあったのだが、その原点が、小学二年生の時に読んだ『悦ちゃん』だったなんて。鳥肌ものです。

と、いうわけで。すべての方に『悦ちゃん』をお勧めするわけではありません。いや、『悦ちゃん』、本当に面白く色々なヒントが詰まった小説です。お勧めです。でも、そういうわけではなくて、自分の読書歴の、もっとも初期に、もっともインパクトがあった本をもう一度読んでみることをお勧めしたいのです。そこには、これまでの人生で使ってきた言葉や、ものの見方、他者との関わり方、出来事との距離感、そうしてそれらをどう表現しようとしてきたか、という源流が潜んでいるはずです。その流れを辿ることで、自身を再発見することができます。自分が使ってきた言葉が、自分を形作っているのですから。

わたしにとってはそれが『悦ちゃん』でした。あなたの読書の原点は、なんですか？

（すずき・ほなみ　俳優）

獅子文六『悦ちゃん』角川文庫、一九五七年
※現在はちくま文庫、二〇一五年で読むことができる

ページをめくるドキドキを思い出す
――井上ひさし『十二人の手紙』

大竹しのぶ

本との出会いについて考えてみました。私が最初に手にした本は一体何だっただろうかと。ふと、ある光景が浮かんできたのです。それは、絵本袋に入っていたキンダーブック。

まだ私が五、六歳の頃のこと。当時、逼迫した我が家の経済状態では、子供たち（私は五人兄妹です）を幼稚園に通わせる余裕はなかったはずなのに、何故か、何ヶ月間だけ通ったことがあったのです。母が働いていた関係で遊びに行くという感じで、まあいわゆる「潜り」というのか、つまりお金を払わずに体験させてもらった期間がありました。月に一度、園児は絵本を先生からもらいます。それを絵本袋に入れ、みんなが持ち帰る姿を私はただ羨ましく見ているだけでした。

そう、その憧れのキンダーブックを当然、私はもらうことはできません。キンダーブックはどんな世界なんだろう、どんなお話が載っているのか、空想するしかありませんでした。

ところがある日のこと。先生が「今月は、しのぶちゃんにあげるね」と、そっと渡してくださったのです。ドキドキしながらページを開き、そのカラフルな色合いに驚いたこと、夢の世界に入ったような気持ちで枕元において眠ったことを覚えています。

まだ文字も読めなかったはずなのに、ページをめくる喜びを知ったあの日が、私と本との出会いだったのかもしれません。

そんな私の父は、毎年自分の誕生日に、五人の子供たちに本をプレゼントしてくれていました。プレゼントをもらう側なのに、それを楽しみにして本を与えてくれていたのです。それぞれの年代に合う本を選び、その時の子供たちに必要だと思う言葉を添えて。

例えば、

——若くして求めれば、老いて豊かなり。ゲーテ—— 満何歳になった父より

と最初のページに書かれ、それは、私が二〇歳になるまで、つまり父が亡くなるまで続いていました。浜田広介さんの『泣いた赤おに』から始まり、『あしながおじさん』『ビルマの竪琴』『銀の匙』、最後は山本周五郎の『つゆのひぬま』でした。

私たちは毎朝毎晩、本を読む父の姿を見て育ちました。「お父さんは、何も持ってないけど、君たちに遺せるとしたらこの本くらいかなあ」とよく言っていました。それも別に全集などという立派なものではなく、薄給の中でコツコツ買い貯めていた文庫本です。私は本を読む父の姿が好きでした。小さな本棚にびっしりと並んだ中から、ヒルティの『幸福論』や『眠られぬ夜のために』を分からないままに、時々読んでいました。ヘルマン・ヘッセを知ったのも父の本棚からでした。

父が亡くなった後、「私が、お父さんが遺してくれた本を全部読む」と言って引き取っていたのに。仕事に、子育てに、追われるうちに少しずつ本を読む習慣から遠ざかってしまっていました。

二〇代の前半に読んだ加賀乙彦さんの『宣告』は主人公の死刑囚の刑がいよいよ執行されてしまうと思うと、その先を読み続けることができず、二日ほど時間が掛かったことを覚えています。『生きている心臓』もそうでした。ページをめくる時のあのドキドキする感覚や、ページが少なくなって読み終わってしまうのが悲しくなってしまうようなあの喜び。言葉を通して、世界も時空も超えてそこに自分がまるで立っているような、覗き込んでしまったあの喜びをまた思い出さなくてはと思っていた時、井上ひさしさんの『十二人の手紙』に再び巡り合いました。

二〇代の最初の頃に読んだことがあったこの作品をたまたま朗読する機会があり、読み返してみたのです。と不思議な感覚に。読んでいた自分の部屋が、その時の自分がはっきりと浮かび、あの時どんなことを考えていたかさえも分かるような感覚でした。そして本を読み返していくと、ここで胸がざわついたこと、今だからやっと理解できることや、はたまた、井上さんにはこんな面もあったのだと発見があったりして、それはそれは楽しい時間になりました。

電子ブックももちろん便利ですが、やはり、本は本棚にあの時の自分と共にしまい込み、時々そっと出してあげると、生きてきた時間はなかなか捨てたもんじゃないなという気になれます。本とはそういうものなのです。

もう五〇年以上前に父が買った本を久しぶりに開いてみようと思います。


（おおたけ・しのぶ　俳優）

井上ひさし『十二人の手紙』中公文庫、二〇〇九年

匂いたつ描写に飽きることがない
――コレット『青い麦』

宇能鴻一郎

このグラスをご覧ください。今日のために用意したのですよ。

（大ぶりのワイングラスに水を注ぐ。透明な石のついた指輪を投げ入れながら）

日差しにきらめいてきれいでしょう。

「白い手から指が三本伸びてコップのなかに入り、すぐまた出てきた。ダイヤモンドの指輪が輝いて、三本の指がつかんでいる四角い氷にきらりと反射する。」

久しぶりに『青い麦』を読み返しましたら、この場面が素晴らしいと思いましてね。それで用意したのです。この指輪はジルコンの五カラットです。本物のダイヤモンドではありませんよ。

（グラスの中に指を入れ、指輪をつまみ上げる）

でも、男の太い指ではだめだなあ。やっぱり女性の細い指でないとね。

この『青い麦』はフランスの女性作家、コレットによる小説です。一六歳の少年・フィリップと、一五歳の少女・ヴァンカ、幼なじみの男女が主人公。

指輪の手の主は、フィリップを誘惑する大人の女性、マダム・ダルレイです。オレンジエードを出しながら、無造作に指をひたして氷をつかみ出す。少年はそれを飲むというエロティックな場面。結局、フィリップはこの女性と初めての体験をします。ヴァンカはそのことを敏感に察する。幼い二人の恋愛感情が揺れうごく。

ストーリーはあっさりしているのですが、じつに豊穣な小説です。

まず自然の描写が素晴らしい。舞台はブルターニュ地方。北は英仏海峡、西は大西洋に面した半島の海岸です。ぼくはモン・サン＝ミシェルへ何度か行ったことがありますが、遠浅の海でとても美しかった。『青い麦』も、情景描写が匂いたつようで、飽きることがありません。太陽の光と潮の香り。まさに官能的です。

ぼくが自然に惹かれるのは、一〇代のころ、山で野蛮な暮らしをしていたせいもあるかもしれません。終戦後に満州から帰ってきて、両親と一緒に山を開墾しながら暮らしていたのですよ。父親に怒られて家出をして、山の中をさまよったこともあったな。

海も好きですよ。漁師の子どもと海で遊んでいた時期もあります。大人になってから、ヨットを仕立てたこともある。ぼくが書いた『鯨神』の海は、ブルターニュの海より、もっと荒々しいですけどね。

そこには日本とフランスの違いもあるでしょう。『青い麦』はちょうど一〇〇年ほど前の話ですが、フランスにはまだ階級社会の名残がある。ヨーロッパでは長い間、働く必要のない貴族が詩をつくったり、人妻と恋をしたりして過ごしてきたわけです。そういう、遊び人が時間をかけてつくった分厚い文化が、ぼくには面白い。

『青い麦』は女性の描き方も魅力的ですね。ヴァンカの未成熟なきらめき。美しくて力強い。

「青い花〈ツルニチニチソウ〉という意味の名前、ヴァンカ――。彼女はその名のとおりの青い目、でも春の雨を思わせる色あいの目で、〈そうよ〉というように、つんと頭を上げた。」

ツルニチニチソウについて調べてみましたら、葉がツンツンとがっていて、色気のない花なのですね。野性的なのです。そのヴァンカとフィリップが初めて体を重ねた、次の日の様子が興味深い。男の子は感傷的になっている。女の子は朗らかに歌をうたっている。女性のほうが「肝がすわっている」というのはまさにその通りですな。男性はこれで終わりだけど、女性はそこから始まるのだから。

ぼくはこれまで生きてきて、「女の人にはかなわない」という気持ちがあります。妻とは結婚してから一度も喧嘩をしたことがありませんよ。官能小説でも女性を多く書いてきましたが、みんな性を前向きに愉しんでいるでしょう。

官能も生命力の源です。ぼくはいま八七歳ですが、こういう本に惹かれるというのは、精神的には若いのかもしれないな。五〇代はまだ仕事や家庭のことで慌ただしい人も多いでしょう。そういう人にこそ読んでもらいたいですね。若い人にもてるかもしれませんよ。

〔談〕

（うの・こういちろう　作家）

コレット著、河野万里子訳『青い麦』光文社古典新訳文庫、二〇一〇年

全作品を三回読破するほどの中毒性

――藤沢周平『橋ものがたり』ほか

松岡和子

藤沢周平にハマった。どの程度ハマったかというと、全作品読破三周するほど。

いつ、何をきっかけにそんなにハマったかというと、これははっきりしていて、二〇〇二年、私が六〇歳のときだ。その年に封切られた映画『たそがれ清兵衛』を観たのがきっかけである。やや邪道ですね。一九九五年に蜷川幸雄さんが私の訳で演出した『ハムレット』の主演が真田広之さんだった。その稽古場で、戯曲と役に向かう真っ直ぐな姿勢に打たれて以来、彼は私の最も敬愛する俳優である。その真田さんの主演なら、と観に行って、映画の素晴らしさもさることながら、物語の清々しさに打たれた。

いまは亡き夫は少年時代に剣道をやり、剣豪好きで、時代小説は満遍なく読んでいる。むろん藤沢周平作品もずらり。それまでは素通りしていた夫の書棚からすぐさま手に取ったのが『橋ものがたり』だった。一篇目の「約束」でノックアウト。面白い、やめられない。小名木川の萬年橋をはじめ、江戸のそこここに架かる橋を巡る一〇編の、多くは哀切な物語。

その『橋ものがたり』の「小さな橋で」に、姉を勤め先の米屋まで迎えにいった一〇歳の広次とそこの旦那とのこんなやりとりがある。


「あんた、重吉の家がどこかと聞いたそうだが、なぜだね」

「行ってみようと思って。姉がそこにいるかも知れません」

「なぜそう思うのかね」

「あの、姉は重吉さんと、できていましたから」

旦那は笑い出した。あまり笑って苦しそうにむせている旦那を、広次はきょとんと眺めていた。


このくだりを読んだとき、「マクダフの子供とおんなじだ」と思った。シェイクスピアの四大悲劇の一つ『マクベス』。王位を簒奪したマクベスはその地位を固めるため、刺客を放って政敵マクダフの妻子眷族を惨殺させる。その直前の母子の会話である。

「ねえ、お父さまは謀反人だったの？」
「ええ、そうよ」
「謀反人てなあに？」
「あのね、忠誠を誓っておいて嘘をつく人」

ここを読むたびに、シェイクスピアは子供が分かってる、と舌を巻く。まず意味を訊いたり調べたりしてから実地に使うのは大人の発想だ。子供は違う。私にも覚えがある。小さいころ「あたしもごいっしょする」と言って叔母たちに笑われた。きょとんとした。広次の「できてる」に同じ。我が方にも子供が分かってる作家がいる、と嬉しくなった。

それからは一瀉千里。夫の蔵書に欠けている文庫本を立方体の状態で買い込む。切れたときの禁断症状がこわくて、外出時には最低二冊はバッグに入れる。結局、一〇ヶ月足らずで全作品を読んでしまった。

胸のすく剣客小説、辛くて苦しくて途中で本を閉じずにいられない博徒ものから「ええ話や」といいたくなる市井ものまで、「好き度」は甲乙つけがたいが、男も女もその生き方死に方がきれい。だが、きれい事ではない。「ハンサム」な女が随所に登場するのも嬉しい。

その中にあって異色の一冊『春秋山伏記』が大好きだ。羽黒山で修行した山伏の大鷲坊と庄内地方のある村の人々との交流が、庄内弁を響かせて大らかにひもとかれる。

文春文庫のおかげで蓬田やすひろの表紙絵も好きになった。藤沢周平の文体も筋の結構も、その美質は蓬田画伯の絵の美質に通じる。即ち、輪郭は、くっきりと強靭でありながら繊細きわまりない鉄線描、色は淡彩。全体から部分までの構成では「間」というか「余白」とも言うべき部分が、文字通り無言のうちにものを言う。長文と短文の組み合わせの呼吸、間合も小気味よい。短文はいわばぴしっと決まるスタッカート。

というわけで私のシュウヘイホリックはかなり重症。一〇ヶ月でこうなったのだから急性中毒だろうが、三周し終わって、読了四度目の作品がいくつもある（『春秋山伏記』もその一つ）のだから、もう慢性。死ぬまで治らなくてもいいやと思っている。

（まつおか・かずこ　翻訳家、演劇評論家）

藤沢周平『たそがれ清兵衛』新潮文庫、二〇〇六年
同『橋ものがたり』新潮文庫、一九八三年
同『春秋山伏記』角川文庫、二〇〇一年／新潮文庫、二〇〇八年

なつかしい幼なじみとの再会

――ベバリイ・クリアリー『がんばれヘンリーくん』ほか

竹内　薫

私事で恐縮だが五五歳になって、いきなり幼児・学童教育の世界に足を踏み込んだ。なぜそんなことになったのかと言えば、当時、年中児だった娘の小学校を探していて、どうにも自分の教育の理想に合った学校が見つからなかったからだ。そこで、小さなフリースクールを始め、いまでは全校生徒四〇名くらいになった（それでも普通の学校の一クラスくらいの人数）。

学校のことはさておき、個人的に大きく変わったのが、自分の読書傾向である。それまでは、どうしても宇宙論、数学、哲学など、自分の得意分野の本を読むことが多かった。ところが、学校を始めてからは、本を選ぶときの基準が「学童目線」に変わったのである。どんな本を読んでいても、

「この本は小四くらいから読めるから学校の本棚に置いておくか」

「漢字や専門用語が難しすぎて、小学生では読めないなぁ」

などと考えるようになった。

すると、それまで完全に忘れていたのに、自分が小学生の頃に読んだ本を本棚から引っ張り出して読むようになった。たとえば、アメリカの作家ベバリイ・クリアリーの『がんばれヘンリーくん』。主人公のヘンリーはいたって普通の小学生。そんなヘンリーが、偶然、痩せ細ってみすぼらしい犬を見つけて、家に連れて帰ることになる。しかし、バスに乗らないといけないので、何度もトラブルに遭遇し……、大人から見れば他愛もないエピソードかもしれないが、再読して、私は著者の学童に対する深い愛情に気づいた。ストーリーの中に冒険、愛情、不可解な大人の事情などがうまく描かれており、しかも読者（おそらく大半は小学生）が感情移入できる工夫が凝らしてある。シリーズの続編もたくさん刊行されている。

イギリスの作家アーサー・ランサムの『ツバメ号とアマゾン号』は、一風変わった「ヨット冒険譚」である。子供たちが小さなヨットで冒険するという状況は、日本では想像しがたく、私も小学生の頃、

「自然に囲まれた、こんな自由な世界に住みたいなぁ」

と、憧れた覚えがある。

最近、気づいたのだが、大人が寄り添っていないとき、小学生くらいの子供は、常に「冒険状態」にある。特に、これまで一人でやったことのないことは、すべてがスリルに満ちている。ヨットで湖を渡るのは大冒険だが、一度も行ったことのない場所へ電車を乗り継いで行くことだって、子供にとっては冒険かもしれない。

ちなみに、このツバメ号のお話も、シリーズで楽しめる。

とはいえ、学童向けの本ばかり再読し始めたわけではなく、徐々に年齢層が上の本に移っていき、ようするに、自らの過去の読書体験を「なぞる」ことになってしまった。もちろん、過去に読んだ本を全部、読み返すわけではないが、ストーリーを忘れていた小説などは、まるで幼馴染に再会したような印象があり、昔読んだときとは読後感が異なるのだ。

私は、海外生活が長かったせいもあり、アメリカの作家の作品もよく読んでいた。トルーマン・カポーティは、かなり好きな作家だが、『ティファニーで朝食を』はイチオシだ。ちなみに、映画と原作とでは、結末が異なる。映画では、オードリー・ヘップバーンが主人公ホリーの雰囲気を上手に演じていたが、結末は、原作の方が心に訴えかけてくる。
一方、著者渾身のルポルタージュである『冷血』は、そんじょそこらのホラー小説ではありえないほどのリアルな「恐怖」を描いていて、とても同じ著者の作品とは思えない。
五〇歳から新たな本を読むのも良いが、ちょっと立ち止まって、子供の頃から読んできた本を巡ってみるのも面白い。ぜひ、本棚で埃をかぶっている本を手に取ってみてください。自分の人格や教養を形成してきた原点に立ち戻ることで、もしかしたら、次の一〇年を生きるための展望が開けるかもしれない。

（たけうち・かおる　サイエンス作家）

ベバリイ・クリアリー著、松岡享子訳、ルイス・ダーリング絵『がんばれヘンリーくん（改訂新版）』学研プラス、二〇〇七年
アーサー・ランサム著、神宮輝夫訳『ツバメ号とアマゾン号』（上下）岩波少年文庫、二〇一〇年
トルーマン・カポーティ著、村上春樹訳『ティファニーで朝食を』新潮文庫、二〇〇八年
トルーマン・カポーティ著、佐々田雅子訳『冷血』新潮文庫、二〇〇六年

大切な視点を教えてくれた絵本

――バージニア・リー・バートン『ちいさいおうち』

中村桂子

ケストナー、リンドグレーン、エンデなどの全集を始め、子ども向けとされる本だけが並ぶ書棚を大切にしている。難しいことが苦手ということもあるがそれだけではない。本を楽しむ年齢になった頃に太平洋戦争が始まり東京を離れざるを得なくなった。疎開先への荷物は生活品に限られ、本やレコードなどを入れる余地はない。しかも疎開先での母は、慣れない土地での日々の食事や衣服の調達に忙しく、ゆっくり本を読む雰囲気ではない生活にならざるを得なかった。そんな中でなんとか手に入り夢中になったのが『源平盛衰記』だったので、今でも源平に関わるエピソードはなんだかなつかしい。

それから二〇年がたち、私が母親となった時には、幸い平和でそれなりの豊かさのある社会になっており、同じような戦時体験をなさったであろう石井桃子さん、松居直さんなど少し年長の方が、すばらしい子どもの本の出版を始めて下さった。日本人の作品にも魅力的なものがたくさんあったが、とくに海外のものには絵本も含めてそれまで気づかなかった視点を与えてくれるものが少なくなかった。ここに文化の基本が見えると感じ、積極的にそれらを求めたのは子どものためだけでなく、私も一緒に楽しみ、考えようという魂胆あってのことだった。

その一つに『ちいさいおうち』がある。この原稿を書くために取り出したら、長女が「おー、なつかしい」とすぐに読み始めた。


いなかの静かなところにあるちいさなおうちは、「どんなにたくさんおかねをくれるといわれても」売ることのできない、孫の孫のそのまた孫の時まで立派に建っているはずの家です。春夏秋冬、りんごの花が咲き、子どもたちが池で泳ぎ、木の葉が赤や黄になり、雪が降ってというくり返しの中で、子どもは大きくなって街へ出て行きます。

そんなある日、工事が始まって自動車が走り、周囲にたくさんの家が建ちます。それがビルになり、更には高層化して、地下鉄もできます。夜も明るく騒がしい街では、みんな忙しそうです。

その中に埋もれてしまった小さな家を、建てた人の孫の孫のそのまた孫にあたる人が見つけ、また静かな丘の上に運びます。

お話は、「ちいさいおうちのうえではほしがまたたき……お月さまもでました……はるです……いなかでは、なにもかもがたいへんしずかでした。」で終わります。


子どもたちと一緒に読んだのは一九七〇年頃、個人的には生命科学という新分野に参入した時であり、時代としては高度成長の陰で水俣病などの問題が顕在化し始めた時だ。概要では「ちいさいおうち」の思いが充分伝わらず残念だが、易しい一つ一つの言葉に引き込まれ、自分がちいさなおうちになり、心の中で今の社会が進んでいる方向は違うと言っていた時の気持を思い出す。生命科学として科学技術社会の見直しをしなければならないと思っていたので、一九四二年という時点で急激な都市化への疑問を出したバートンは学ぶべき先輩である。子どもたちは、お日さまやお月さまの動きが見える丘の上に戻ったちいさいおうちは嬉しそうだねとホッとした様子を見せた。

その後、五〇代で機械論的世界観をもつ生命科学では、この息詰まる社会を変える力にはならないことに気づき、生命論的世界観をもつ「生命誌」への道を探り始めた。そして五七歳という、私の年代では定年過ぎの年に「生命誌研究館」を開いたのだ。

著者のV・L・バートンには『せいめいのれきし』という名著があり、これに倣って私も『いのちのひろがり』（福音館書店、二〇一五年）という多様な生きものたちがもつ四〇億年近い歴史とすべての生きものたちの間にある関係とを語る物語を書いた。「大事なのはいのちあるものとして生きることであり、お金じゃありませんよね」と素敵な先輩に語りかけながら。

（なかむら・けいこ　生命誌研究者）

バージニア・リー・バートン文・絵、石井桃子訳『ちいさいおうち』岩波書店、一九八一年
バージニア・リー・バートン文・絵、石井桃子訳、まなべまこと監修『せいめいのれきし（改訂版）』岩波書店、二〇一五年

「プーの森」に戻る
――A・A・ミルン『クマのプーさん』

小池真理子

父は、いわゆる「文学青年」だった。昭和二十七年生まれの私が、この世で初めて目にしたのも、壁いちめんの書棚に並べられた父の本だったような気がする。

その影響もあってか、読み書きができるようになるのは早かった。目につく文字を音読したがり、山手線の車窓から見える、婦人病の名が連ねられた看板の文字まで大声で読み上げてみせるものだから、両親はそのたびに赤面していた。

小学校に入学してからは、父の書棚の本を引っ張りだしては拾い読みしたり、学校の図書館の本を読みふけったりすることが多くなった。

石井桃子の名訳で『クマのプーさん　プー横丁にたった家』を読んだのは、小学六年のころだったか。

愛らしく活き活きと描かれたE・H・シェパードの挿絵と石井桃子の訳文は、たちまち私を虜にし、「プーの森」に引きずりこんだ。私の中に、まるで現実に存在しているもののようにして、プーの森が生まれた。私は日々、ひそかにプーの森で遊ぶ子どもになった。

『クマのプーさん』はディズニーでアニメ化され、世界中の誰もが知るところのものになっている。だが、私にとってのプーの物語はディズニー版とは無縁だ。申し訳ないが、アニメの中のプーや動物たちの姿は、E・H・シェパードの描いた絵とは似ても似つかない。悲しいほど別ものなのである。

ディズニーアニメのおかげで、プーの物語は世界中の子どもたちに読まれ、愛され続けてきた。だが、その一方で、害のない子ども向けの童話（児童文学ですらない）、という括りの中に無理やり押し込まれてしまったような気がしないでもない。

『クマのプーさん　プー横丁にたった家』ほど不朽の名作が、他にあったろうか。ドストエフスキーやトルストイ、モーパッサンにカミュ、ヘミングウェイやフォークナー、どんな世界文学と並べてみても、私にとってプーの物語は今もなお、何ひとつ遜色がないのだ。

作者のA・A・ミルンは、実の息子、クリストファー・ロビンをモデルにし、息子が愛してやまなかったクマのぬいぐるみから着想を得て、この、魔法のような世界を誕生させた。物語の最終章は「クリストファー・ロビンとプーが、魔法の丘に出かけ、ふたりは、いまもそこにおります」と題されている。

「クリストファー・ロビンは、いってしまうのです」という一文から始まり、「なぜいってしまうのか、それを、知っている者はありません」と続けられる。

この章を読み終えた時、まだ年端のいかない少女だった私は、声を押し殺し、肩をふるわせて泣いた。大人になり、中年になり、多くのものを得たり失ったりを繰り返しながら、残り時間を考えるような年齢に達しても、この章を読むたびに私は同じように涙を流す。

成長したクリストファー・ロビンは、そろそろ森から出ていかねばならないのである。理由はわからない。わからないのだが、本人もふくめて、森の住人はみんな、そのことが何なのか、ということを穏やかに共有し合っている。

森から離れるにあたって、彼は動物たちと別れなくてはならなくなった。中でも一番愛していたプーとの別れがつらくて、プーもまた、彼との別れが悲しくて、一人の少年と一匹のクマが、半ば照れながら、やさしい会話を交わすシーンが最終章で描かれる。

この物語の白眉である。

流れ去っていく時間、変容、別れ、出発、喪失と再生、愛するということ……そうした抽象度の高い、簡単には表現できないものをこれほどまでに美しい情景とやさしい会話の中に昇華させた物語を私は他に知らない。

最後の最後、クリストファー・ロビンが言う。「プー、ぼくのことわすれないって、約束しておくれよ。ぼくが百になっても」。

プーはしばらく考えたあとで「そうすると、ぼく、いくつだろ」と訊ねる。

クリストファー・ロビンは「九十九」と答える。

当然だが、私は九十九まではとても生きられない。だが、命尽きるその直前、もしもふしぎな力が与えられ、活字を読むことができる時間があったとしたら、間違いなくプーの物語を読みたいと願うだろう。

老い衰え、死を目前にしてさえ、プーの森は私たちの中に生き続ける。ひとつも変わらず、同じ姿で。

私たちはいつでも好きな時に、プーたちのいる森に戻っていくことができる。魔法の丘に行き、懐かしい顔ぶれと再会できる。

生と死はいつだって、こんなふうに巡り巡って連環しているのだ。

（こいけ・まりこ　作家）

Ａ・Ａ・ミルン作、石井桃子訳、Ｅ・Ｈ・シェパード絵『クマのプーさん　プー横丁にたった家』岩波書店、一九六二年

一生勉強しても飽きない心の財産

——『万葉集』

里中満智子

「五〇歳ごろに読んで、影響を受けたり感銘を覚えた本」と言われても、どれを選んでいいのか迷いすぎて決められない。何を読んでも何かしらの影響は知らず知らず受けているだろうし、それなりの感銘は覚えるものだ。

人類が生まれてこのかた、どれくらいの量の知識と思いが書物という形になったか、そしてその中の何パーセントが今に伝えられているのか？　翻訳、印刷、出版、流通を経て、私たちは紀元前の役人の愚痴から、おそらく一生行かないと思われる遠い国の工芸品の作り方まで知ることが出来る。

知らない知識に出会うたびに「へえーっ」と感心するし、人の生き方や考え方の深さを知るたびに感動する。

毎日毎日次から次へと新しい本が誕生する。全てを読みたいと願っても叶わないが、生きているうちに出来るだけ多くの本を読めたら、充実した人生といえる気がする。と、言いながら繰り返して読んでしまう本がある。もう読み終えたのだから別の本を読めばいいのに……と思いながら、数えきれないほど読み返してしまう本がある。「万葉集」だ。

初めて読んだのは一〇代前半――。初恋に目覚め始める頃、「自分の気持ちにぴったりの歌はないかな」と手に取ったのが始まりだった。心惹かれる恋の歌を見つけてはときめいていたが、「ときめく乙女心の歌」と思われる歌の多くを「社会的地位のある大人の男性」が詠んでいることに驚いた。

「昔の日本男児は愛だの恋だのに惑わされなかった」「戦後の日本では男女同権がうたわれているが、昔の日本女性には個人の権利などなかった」などと言われてきたがしかし……！　「万葉集」には、「身分が下の女性を力づくで手に入れるのではなく相手の心を求める男性」「やんごとなき立場の人から告白されても遠慮もなくフってしまう女性」「不倫に走る妻」「何度も結婚を繰り返す女性」が、いっぱい存在したのだ。

大人たちが言っている「昔の日本――」とは違う人々の生き生きとしたプライベートな営みがそこにはあった。何よりも驚いたのが「お上にモノ申す歌」が、かなりあったことと、天皇も政治犯も、歌は同列に扱われていて「作品次第」の歌集になっていたことだった。「男女同権」とか「民主主義」とかいう言葉もない時代に、人々はごく自然に「人間同士としての思い」を取り交わしていたのだ。

二〇代で読み返すと「歌に添えられている注釈には政治的意図があるのではないか」と、推理する楽しみに耽《ふけ》った。

三〇代は歌を詠んだ人たちの人生の真実を知る手がかりとして、歌が詠まれた背景をあれこれ考え始めてキリがなくなった。

四〇代になると「カタカナやひらがなを生み出す前に、漢字の音を当てて日本語を表現しようとしたその試行錯誤の足取りを探りたい」と考える楽しみに目覚めた。

五〇代になると前述の「当て字」の読み方がわからなくなってしまった何首かの歌を前にチャレンジ精神がかき立てられた（自分には解読はとてもムリだと思い知るのにそう時間はかからなかった）。

六〇代、七〇代――と、その時期ごとに楽しめる、日本人の心の財産それが「万葉集」だ。全二〇巻――約四五〇〇首の歌は、一三〇〇年の時を生き抜いて日本人の価値観の原点を見せてくれている。五〇代の人が手に取って、今後一生勉強しても飽きないし、必ず「自分なりの説」にたどり着くはず！　こんなに長く多面的に楽しめる本はない。

（さとなか・まちこ　マンガ家）

『万葉集』（全五巻）佐竹昭広・山田英雄・工藤力男・大谷雅夫・山崎福之校注、岩波文庫、二〇一三〜一五年ほか
『原文　万葉集』（上下）佐竹昭広・山田英雄・工藤力男・大谷雅夫・山崎福之校注、岩波文庫、二〇一五〜一六年ほか

V

再発見——その本は見事な変身をとげた

ワレ、五〇にして遊ぶ

――ニーチェ『ツァラトゥストラ』ほか

岡本裕一朗

若いとき、一九世紀末のドイツ哲学者フリードリヒ・ニーチェの『ツァラトゥストラ』を読んだとき、高らかに語られる「超人」という言葉がよく分からなかった。崇高な理想のようにも思えたり、芝居じみた戯言のようにも感じられたりした。それでも、有名な概念なので、無視することもできず、何となくやり過ごしてきた。

「超人」といえば、強靭な肉体をもった文字通りのスーパーマンをイメージするかもしれない。たしかに、「人間を超える」ことは間違いないが、ニーチェの語る超人はまったく異なっている。超人は子どものように遊ぶからだ。どうして、そう言えるのだろうか。

『ツァラトゥストラ』で、超人を語るとき、ニーチェは精神の三つの変化を示している。最初は「駱駝」、次に「獅子」、最後に「小児」となる。これを人の変化と考えてみよう。

まずは駱駝のように重荷に耐え、社会的な義務や道徳に従う。やがて、そうした重圧を払いのけ、獅子のように闘う自由精神となる。しかし、これで終わりではない。この後、子どものように無垢な形で遊ぶことになる。この子どもの活動が、超人のモデルとなっている。

じつは、むかし読んでいたとき、子どもと超人の結びつきがよく理解できなかった。私の勝手なイメージだと、獅子のような批判的で闘争的な精神の方が「超人」に近かった。研究書を読んでも、あまり納得できなかった。

ところが、五〇歳を超えるころ、はたと思い至ったのである。遊びこそが、精神の最高の段階であることを。そのとき、オランダの歴史家ヨハン・ホイジンガが『ホモ・ルーデンス』で述べていたことを思い出したのである。彼はこう書いていた。

遊びとは、あるはっきりと定められた時間、空間の範囲内で行なわれる自発的な行為もしくは活動である。（中略）遊びの目的は行為そのもののなかにある。

「遊び」の特徴はいろいろあるが、そのなかで根本をなしているのは、遊びの外に他の目的をもたないことである。つまり、何かのために遊ぶことがない。金儲けのために遊ぶ、友人をつくるために遊ぶなどなど、しばしば理由づけがされる。ところが、ホイジンガによれば、これらの活動は決して遊びではない。遊びには、それ以外の目的がないからである。「遊ぶために遊ぶ」としか言えないのだ。

この遊びの特徴を見ると、ニーチェがどうして「永劫回帰」の思想を提唱したのか、理解できるだろう。人間の生きることに意味はなく、同じことが永遠に繰り返されていく。それにもかかわらず、この人生を肯定するのが超人である。しかし、どうやってそれが可能になるのだろうか。ニーチェが出した答えが、「遊び」だったのである。

人生には意味がなく、苦悩以外の何ものでもない。これがニーチェの若いころからの確信であった。それにもかかわらず、生き続けるには、どうすればいいのだろうか。宗教や道徳のように、何か外の目的を見つけて、そのために生きることだろうか。しかし、ニヒリズムを自覚したニーチェにとって、それは取りえない戦略だった。だからといって、苦悩を苦悩のまま生きていくのは、いっそう耐え難いはずだ。ニーチェはどうしたのだろうか。

これがまさに、「遊び」だったのである。意味のない人生を、いかに遊び楽しんでいくのか？　永遠に同じことの繰り返しである人生を、飽きることなく（あるいは飽きつつも）歩んでいく方途、これこそが超人の遊びである。
私は五〇歳を超えるころやっと、ニーチェがどうして超人を子どもと呼び、遊びの活動を最高の段階に置いたのか、共感するようになった。「五〇にして遊ぶ」。これが、現代人のモットーになりそうだ。

（おかもと・ゆういちろう　哲学研究者）

ニーチェ著、手塚富雄訳『ツァラトゥストラ』中公文庫、二〇一八年ほか
ホイジンガ著、高橋英夫訳『ホモ・ルーデンス』中公文庫、二〇一九年ほか

『鍵』の秘密
――谷崎潤一郎『鍵』

若島 正

物心ついたとき、わたしの家には本というものが一冊しかなかった。離れの座敷に飾り棚があり、そこに石膏でできたマリア像（安産祈願のためだったらしい）と、谷崎潤一郎の『鍵』が並んで置かれていた。昭和三十一年に中央公論社から出た、棟方志功装幀の函入り初版本である。

どんな本かと母に訊ねたら、大きくなってから読む本や、ということだった。そう言われると読んでみたくなるもので、さっそくページを繰ってみたら、旧字旧仮名でなんのことかさっぱりわからなかった。ただひとつ、眼鏡が床に置いてある挿画があったことだけは憶えている（それがどういう意味なのかは、しかるべき歳になってもう一度読んでからわかった）。いずれにせよ、本をめったに読まない母がどうして『鍵』を買ったのか、そしてそもそも母は『鍵』を読んだことがあるのかどうか、ずっと気になっていた。

結婚してから大阪暮らしが続いて、七〇歳になった昨年（二〇二二年）に、ようやく故郷の京都に戻ってきた。帰ってみると、思い出すのは昔の京都のことで、谷崎の『鍵』を再読してみる気になった。言うまでもなく、夫と妻がそれぞれ秘密の日記を書くという物語の『鍵』は、京都を舞台にしているからだ。

これまでに何度も読んでいるが、京都で読むと読み方というか、興味の持ち方が変わってくる。主人公の大学教授は、「吉田牛ノ宮町」に住んでいるが、これは京都大学のすぐそばであり、京都大学で教えていると考えるのが自然だ。

それにしても、何を教えているのか、手がかりはほとんどない。唯一のそれらしい言及は「僕ハフオークナーノサンクチユアリヲ讀ミカケテキタノデ」というくだりで、これはもしかしてアメリカ文学の教授だったのか、といささかあわてたが、加島祥造訳の『サンクチュアリ』が新潮文庫で出たのがちょうど昭和三十年のことなので、主人公が読んでいるのはおそらくその文庫本。もしアメリカ文学の教授なら原書で読むはずであり、この経験はたぶん谷崎自身のものだと想像できるので、結局主人公が何を教えているのかはわからない。

そして、主要人物の一人で、同志社の高校で教えているらしい「木村」も、百万遍近くの「田中門前町」に住んでいる。実はわたしも、現在はそのすぐ近くに住んでいるので、『鍵』の登場人物たちの行動はまるで自分がそのあたりを歩いているようによくわかる。わたしの記憶に残っている、当時の京都市内は市電の全盛期だったので、彼らが市電で移動する様子もよくわかる。

「午後敏子が誘ひに來、嵐山《らんざん》電車の大宮終點で木村さんと落ち合ひ、三人で嵐山《あらしやま》に行く。……川の縁を散歩し、ボートを出して嵐峡館の邊まで行き、渡月橋のほとりで休憩し、天龍寺の庭を見る」という、妻「郁子」の日記のくだりに出会ったときには、はっとした。海外からの来客があると、京都を案内するコースとして、わたしもこれと同じ道順を何度もたどっていたからだ。

渡月橋のそばから小舟で渡る、温泉旅館の嵐峡館にも一度だけ行ったことがある。『鍵』の頃には有名な旅館で、お忍びで行く場所としてもよく知られていたらしい。調べてみると、わたしが訪れた二年後に嵐峡館は廃業となり、その跡地が買い取られて古い旅館も改修され、いまではモダンな温泉旅館に変貌しているようだ。

つい先日、母が入居しているホームの面会日に、長年の疑問を九六歳になる母に直接ぶつけてみた。すると、母は「それがなあ……」と本当のことを話してくれた。
母は当時、ナイトクラブに勤めていた。そのとき、客の一人だった老人が、もうこれ読んだからと『鍵』をくれたのだそうな。そして、母は『鍵』を一度も読んだことがないという。付け加えると、そのナイトクラブはわたしの父となる男性に、母が初めて会った場所でもある。さらに言うと、母は父と一緒に嵐峡館に行ったこともあるという。
こうして『鍵』をめぐる長年の謎が解けたわけだが、母がナイトクラブの客から『鍵』をもらったというまったく偶然の出来事が、わたしを谷崎の愛読者にするきっかけを作ったと考えると、不思議な気持ちになる。『鍵』には自分の人生が予言的に書き込まれていたような気がするが、自分だけにしか意味を持たないそんな読み方が許される本は、世の中に一冊だけ存在するものなのだ。

（わかしま・ただし　英文学者）

谷崎潤一郎『鍵』中公文庫、一九七三年ほか

他人事から「あるある」へ

――ゼイディー・スミス『ホワイト・ティース』

ブレイディみかこ

五〇歳からの読書について書かなければいけない。でも、わたしが今回取り上げるのは三〇代のときに初めて読み、五〇代になってから、わけあって読み直さねばならなくなった小説だ。

三〇代の頃、わたしはブライトンの田舎に住みながらロンドン市内で働いていたので、家を出てから職場に着くまで片道二時間半かけて通勤していた。交通機関に乗っている時間が長いということは暇があるということだ。その暇を有効利用するために、ブッククラブに入った。と言っても、これは仲間が集まって読書会をするようなブッククラブではない。きわめて商業的なもので、本の購読サービスのようなものだ。毎月定額の会員費を払うと、クラブが推薦する新刊や話題の本が送られてきた。書店に行ったり、新聞の書評欄を読んだりする時間のない人でも、いま評判になっている本が自動的に送られてくるから便利だ。わたしのように英国の作家や文芸事情を知らない人間にとっても、これはありがたいサービスだった。

そんなわけで、二〇〇〇年のある月、ゼイディー・スミスの『ホワイト・ティース』が送られてきた。いつものように電車の中で読んでいると、「それ、面白いよね」とか「僕も読んだよ」とか何人かの乗客に声をかけられたのを覚えている。それぐらい流っていたのだ。英国に住んで四年目だったわたしは、英語の勉強もかねてブッククラブが送って来る本を非常に勤勉な姿勢で読んでいたのだが、この小説だけは「お勉強感」を忘れて引きこまれた。

この小説は、ロンドンで生まれ育った英国人のアーチーとバングラデシュ出身のイスラム教徒サマードの数十年にわたる友情を中心に、その家族、周辺の人々を描いた作品で、ロンドンの下町の尋常でないカオスぶりを体現している。様々な人種や宗教やカルチャーや思想がストリートでぶつかり合い、爆竹のようにあちこちで弾けているロンドン。ロイヤルファミリーやアフタヌーン・ティーに代表される典雅な英国しか知らない日本の人が読んだら目を丸くしそうな本だ。

三〇代でこれを読んだとき、わたしもロンドンの日系企業で働いていたので、英国に住みながら日本のカルチャーの中で暮らしていたようなものだった。だから「これはさすがにあり得ない」とか「滅茶苦茶やん」とか思いながら、他人事のような気分で楽しんでいた。

それから長い年月が過ぎ、二〇二一年にこの小説の日本語訳が文庫化されることになり、偶然にもその推薦文を依頼された。こうして懐かしい小説を読み返すことになったのだが、これが前に読んだときとは全然印象が違う。「あるある」「いやー、わが家もそう」とどっぷり身につまされてしまい、「そうなんだよね」と苦笑する箇所だらけになっていたのである。

つまり、『ホワイト・ティース』を新刊として読んだ二〇〇〇年と、その日本語版が文庫化された二〇二一年の間に、わたしは本当の意味で英国で生活するようになっていたのだろう。「こんなことがあるの?」という驚きがなくなった点では、最初に読んだときのような衝撃はない。思えば、人が海外作品を読むときの大きな魅力の一つはこの衝撃の鮮烈さなのかもしれない。けれども、現地に落ち着き、もはや海外作品ではなくなった小説として読んでも、『ホワイト・ティース』は名作だった。わたしもいつか、こんな風にブライトンを舞台にしたストリート群像劇を書きたいとこっそり思ってしまったほど、今は地に足のついた小説に思える。

本には、自分の体験で読むという一面がある。つまり、本は頭だけでなく、体で読むものでもあるからだろう。

（ぶれいでぃ・みかこ　ライター、コラムニスト）

ゼイディー・スミス著、小竹由美子訳『ホワイト・ティース』（上下）中公文庫、二〇二一年

名作の中には必ず名台詞がある

――和田誠『お楽しみはこれからだ』

中園ミホ

最初にこの本に出会ったのは大学生の時でした。映画を、その作品に出てくる印象的な台詞を入口に、イラストとともに紹介するエッセイです。チャップリンの無声映画から日本のヤクザもの、難解な作品から「００７」まで幅広く扱っていて、めまいがするほど素敵なものばかり。何より和田誠さんの映画愛に溢れていて夢中になりました。

当時、映画を観ようと思うと、淀川長治さんや水野晴郎さんが解説するＴＶの名画劇場で放送されるのを待つか、雑誌『ぴあ』をチェックして運良くどこかで上映されているのを見つけるか。この本に登場する映画を観たいと思い、必死に機会を探して、深夜の三本立てなんかにもよく通いました。

名台詞というのは、その作品の本質を凝縮していると思うのです。そして名作の中には必ず名台詞がある。男性観、恋愛観、仕事観など、様々なものをこの本の名台詞から学びました。

思い返せば人生で一番苦しい時、私は映画に救われてきました。

一〇歳の時に父が、一九歳の時に母が亡くなったのですが、一九の時は精神的な負荷が大きかったのか、記憶がほとんどないのです。母の看病をしたことは憶えていますが、母がいなくなってから、私はどんなふうに呼吸をして、どうやって大学を卒業したのか。友人によると、お洒落してディスコで踊ってよく笑っていたというのですが、二年間くらい何も思い出せない時期があります。ところが当時観た映画のことは鮮明に憶えているんですね。今思うと、現実を受け入れられなくて虚構の世界に逃げ込んでいたのかもしれません。映画の時間だけは意識があった。逆に言えば、虚構の世界が私の命綱だった。まさにその頃に読んで、私を映画へと導いてくれたのが、この本です。

こういうものに救われて人は生きている。のちに脚本家という仕事についたのも、ここから始まっているように思います。

シリーズで全七冊。ずっと書棚の取り出せるところに置いていて、字引のように折々で参照してきました。それでも、今あらためてめくると、若い頃とはずいぶん印象が変わったと感じます。

例えば、この本で出会って大好きになり、何十回も観て、ついには映画館で台詞を書き写してしまった『カサブランカ』。和田さんもお気に入りで、何度も色々な台詞が引用されています。

「ゆうべどこにいたの？」

「そんなに昔のことは憶えてないね」

「今夜会ってくれる？」

「そんなに先のことはわからない」

ハンフリー・ボガート演ずる主人公が女性を軽くあしらう場面。二〇代の時はこういう台詞が洒落ていて素敵だなと思っていました。でも今は、

「ルイ、これが友情の始まりだな」

という、元恋人とその夫が乗る飛行機を見送った後の、最後の台詞が一番胸にひびきます。

「私はクレメンタインという名前が大好きです」

これは、『荒野の決闘』から。素直に好意を伝えられず相手の名前を好きと言う、主人公のせいいっぱいの口説き文句で、こういうシャイな男性の言葉も胸に染みます。

歳を重ねて様々な経験をしてきたからこそ、感情が豊かにたっぷりしたものになって、若い頃に分からなかったものが見える。それを自覚できるのも再読の良さです。

五〇歳というと、子育てが一段落したり、社会的立場がかたまってきたりして、少し自分の時間を持てるようになる頃かもしれません。そんな時、素晴らしい映画の世界へ入っていくのもいい。今はたくさんの情報があって、観たいと思ったものに簡単にたどり着ける時代になりました。

韓流ドラマや欧米のドラマももちろん面白いのですが、古い名画を観ると、出てくる人が皆すごく大人で感性が成熟していて、うっとりします。そういう約二時間に凝縮された濃密な大人の世界は、五〇歳を過ぎてこそ本当に楽しめる。この本は、そんな名画との再会の、格好の手引き書になるはずです。まさに、お楽しみはこれからだ！〔談〕

（なかぞの・みほ　脚本家）

和田誠『お楽しみはこれからだ——映画の名セリフ』（全七巻）文藝春秋、一九七五〜九七年
※現在は国書刊行会、二〇二二年の愛蔵版で読むことができる

『論語』と一生付き合っていく法

――『論語』

安田　登

年を取ってそのよさがわかるという本がある。私にとっては、それが『論語』であった。若い頃は、説教くさい、教条主義的な本だと思って遠ざけていた。それが今では一生付き合っていきたい座右の書となっている。

一生付き合っていくためには、それなりの読み方が必要だ。それを三つ紹介したい。

一、『論語』そのものを読む

最初にしたいことは、先ずは『論語』そのものを読むことだ。「なに、当たり前のことを言っているんだ」と思うだろう。だが、私たちは『論語』出典の成語の多くを、原典を読まずにわかった気になっている。

たとえば「切磋琢磨」。

いまは「仲間同士が互いに競い合って向上すること」という意味で使われているが、原典を読むとそんな意味ではないことがわかる。中公文庫の貝塚茂樹氏の訳注によれば、切・磋・琢・磨の四文字は、ともに「素材を加工して付加価値のある何かを作り上げる方法」だという。「切」は骨、「磋」は象牙、「琢」は玉、「磨」は石。

骨や象牙、玉や石を加工するにはおのおのに合った方法があり、その方法を間違えると美しく仕上げることができない。いや、それどころか素材をダメにしてしまうこともある。その素材に合った方法を見つけ、それによって素材を磨く、それが「切磋琢磨」だ。

人も同じだ。その人、ひとりひとりの性質を理解し、その人に合った方法で育てる。それが「切磋琢磨」なのだ。

原典を読まずにしている誤読、案外多い。

二、孔子の時代の文字で書写する

次は孔子の時代の文字を使って書写するという読み方だ。『論語』の中には孔子が生きていた時代にはなかったはずの漢字が使われていることがある。それを知るには甲骨文字や金文が載る漢和辞典を使う。たとえば「四十にして惑わず（四十而不惑）」の「惑」の字だ。五文字の中のたった一文字だが、これがなければこの文が成り立たなくなるほどのキーとなる文字だ。この字は孔子の時代にはない。

孔子の時代にはなかったわけだから、孔子は「不惑」とは言わなかった可能性が高い。では、何と言ったのか。それを推測する方法として、まずは孔子の時代にもあった似ている漢字を探す。そしてその漢字の古代音と、いま通用している漢字の古代音が近いかどうかを確認する。

すると「或」ではないかと推測できる。この古代音を調べると「惑」のそれとほとんど同じだ。孔子は「不惑」ではなく「不或」と言ったのかも知れない。それが口承で弟子から弟子へと伝わり、文字化するときに「惑」になった。

「或」の原義は「区切る」、「限定する」だ。「土」を付ければ地域の「域」になるし、「口」で囲めば「國（国）」となる。ならば孔子は、四十にして惑わずではなく「区切らず」と言ったのではないか。孔子の時代の四十は今でいえば五十歳くらいだろう。四十（五十）歳というのは「俺の専門はこれだ」とか「それは私のすることではない」などと自分を限定しがちな年齢だ。だからこそ「自分の可能性を限定してはいけない」、孔子はそう言ったのではないか。

そのようにして『論語』を読み直してみると、私たちの知っている『論語』とはまったく違った姿がそこに現れる。

三、現代の言葉で読み解く

もうひとつは、一と二の読み方を踏まえた上で、それを現代の言葉で読み解くという読み方だ。

「過ちては則ち改むるに憚ることなかれ」という章句がある。「過ちを犯したと気づいたら、躊躇せずにそれを改めるべきだ」と訳される。が、「過ち」はいま私たちが使うそれではない。「過」とは《通過》の過であり、《過剰》の過だ。あるところでは問題がなかったことが、次に移動した時に問題になることをいう。

そして「改」とは書き直しだ。

『論語』や当時の金文などを読むと、人の心には二つのプログラミングが走っているという考えがベースにあることがわかる。ひとつは「法」――他律（ヘテロノミー）のプログラミング。主体は他者にあり、自分で変えることはできない。もうひとつは「心」

——自律（オートノミー）のプログラミング。これは書き換え可能なプログラミングだ。

たとえば人から怒鳴られたらビクッとして萎縮してしまう。これも心のプログラミングのひとつ。相手は大きな声を出しているだけだし、気分が悪いのは相手。それを引き受ける必要はない。思わず自動的に反応してしまう、そんな心のプログラミングを私たちはたくさん持っている。

人には、自律的な「心」のプログラミングを書き換える（改）自由さがある。ところがどうも人は、それを書き換えずに、しがみつく傾向にある。それが自分を苦しめるプログラミングでもだ。「そんなのどんどん書き換えちゃえよ！」と孔子はいう。詳述する紙幅はないが、その方法までも孔子は提案する。

こんな風に読んでいくと『論語』は本当に面白いのだ。

（やすだ・のぼる　能楽師）

貝塚茂樹訳注『論語』中公文庫、二〇二〇年ほか

興味の対象は内容から著者へ

――梅棹忠夫『文明の生態史観』

楠木 新

「五〇歳からの読書案内」について、読書量が多いわけでもない私が何かを語ることは難しい。ただ、若い時に感銘を受けた本をもう一度読み返してみるのは有益であるかもしれない。

私は人生の後半戦ともいえる五〇歳以降の会社員の生き方を中心に取材をしてきた。充実した第二の人生を過ごしている人の中には、自分の子どもの頃の経験を呼び戻して新たなことに取り組んでいる人も多い。読書においても、一通り人生経験を積んだ時点で、若い頃に印象的だった本を再び読み返すことは、無意味ではないだろう。

今からほぼ五〇年前の大学一回生（一九七四年）の春に、『マルクス エンゲルス 共産党宣言』（岩波文庫）を読んだ。やはり世の中は唯物史観に沿って進むのかと納得した。同時に本当にそうなのかという疑問も抱いていた。その数日後に、民族学者である梅棹忠夫著『文明の生態史観』を読んだ。ベッドの上で「これだこれなんだ」と感じ入ったことを覚えている。

西ヨーロッパと日本は第一地域に属し、その間にある広大な大陸部分を第二地域とした。第二地域では、中国、ロシア、インド、トルコなどの巨大な専制国家の帝国が成立する。一方で、その周縁にある第一地域は外部からの攻撃を受けにくく、気候が温暖なこともあって、安定的で民主的な社会を形成できる。中国やインドのように自ら文明を展開する民族と、日本のように辺境にあって文化的劣等感をもつ民族との対比も述べていた。

なぜ、当時私が強いインパクトを受けたかを考えてみると、以下の三点がある。

一、高校で学んだ世界史では、西洋と東洋といった局地的なとらえ方が中心で、世界史と言いながらユーラシア大陸全体を含めて巨視的に把握する視点が弱かった。

二、唯物史観では、社会の進化も法則に従って進む一本道だという理解だが、地理的条件や気候、風土などによって多様性があることを指摘していた。

三、参考文献や統計的な数値などを根拠にするのではなく、自らの遊牧民の研究やアフガニスタンでの調査など梅棹自身の実際の体験を基に見解を発信していた。

もちろんこれだけ大胆に持論を展開したのであるから、反論や批判も当然あるだろう。ただ私はこれこそが本物だと直感したのである。

二〇二二年二月、ロシアがウクライナへの軍事侵攻を始めた時に、再び『文明の生態史観』を読み返してみた。一〇代に感じたことと何も変わっていなかった。現在の世界情勢とも矛盾を感じなかった。

同時に、梅棹忠夫本人は、なぜ自由な発想でこのような個性的な本を書くことができたのだろうかという疑問がわいた。書籍の内容よりも著者に関心が移ったのである。私は子どもの頃の環境が彼に大きな影響を与えているのではないかという仮説を立てた。

梅棹の生家は、京都のいわゆる西陣で商売をしていた。まずはその場所で話を聞いてみた。梅棹のことは誰も知らなかった。ただ千本通をはさんだ有名な居酒屋の八〇歳を超えたおかみさんは、「梅棹先生はホンマモンの有名人で、このあたりの自慢だ」と話していた。周辺は、京都の町衆というか、自治的な生活共同体を営み、文化的・経済的に活発な雰囲気が残っていた。自営の店が多く、小さい書店も目についた。会社員の多いニュータウンとは異なる自主独立の佇まいを感じたのである。

次に、梅棹忠夫の次男で陶芸家の梅棹マヤオ氏が営むギャラリー&カフェ「ロンドクレアント」（京都市左京区北白川）を訪問した。かつて梅棹忠夫が住んでいた家を改装した建物である。梅棹マヤオ氏からいろいろな話を聞いた。私からは「父親である梅棹忠夫さんは、なぜあれほど自由に個性的な発信ができたのでしょうか？」と聞いてみた。彼は、京都大学時代の先生や友人の影響が大きかったのではないかと答えた。

生まれた西陣という土地柄もあったのではないかと聞くと、マヤオ氏は、「そういうこともあるかもしれない。実家は商売をしていたので働かなくても良かったと父から聞いたことがある。師匠の今西錦司さんも西陣の人ですから」と話してくれた。

ダーウィンの進化論に対抗して棲み分け理論を展開した今西錦司も西陣の出身だとは知らなかった。子どもの頃の環境が影響を与えたという仮説は荒唐無稽のものではなかったかもしれない。若い時に読んだ本は、私に別の興味を呼び起こしてくれたのである。

（くすのき・あらた　楠木ライフ&キャリア研究所代表）

梅棹忠夫『文明の生態史観（増補新版）』中公文庫、二〇二三年

文体の持つ魅力

――中村光夫『今はむかし』ほか

金井美恵子

五〇歳をすぎて二五年も生きると、体力も気力もあの頃に比べて、すっかり衰えたなあというのが実感なのだが、しかし、〝年を取る〟ということはどういうことなのかと考える契機を読書によって得たという初めての実感を手に入れることが出来るのは五〇代かもしれない。

なにしろ、五〇代はまだ若いのだ。

さて、中村光夫の『今はむかし――ある文学的回想』とその続篇『文学回想　憂しと見し世』の二冊が中公文庫で上梓された時（一九八一年、八二年）に入手したものの、いつも途中で読み進まなくなってしまったのは、専ら若さから来る無知のせいだったろう。なんと言っても、無知・無教養は読書の敵と言わなくてはなるまいし、少しでもそのあたりを克服しようとするいろいろな、いつの間にかそれ自体が快楽になってしまうような努力が、読書の豊饒な楽しみを約束してくれる。

中村光夫が六三歳の時に書いた『文学回想　憂しと見し世』は、戦時下、中村が編集者として働くことになった筑摩書房の創立者・古田晁が、平塚の火葬場で「濃くなったり、淡くなったりする煙」になる情景から書きはじめられるのだが、何度読みかえしても、本当に素晴しい書き出しだと思うし、この二一〇ページ程の回想記の〝書き方〟の特質を見事に示していると思う。

文庫の解説を書いている蓮實重彥は、中村光夫の回想記の文体の言いしれぬ魅力を見事に分析しているので、読者はもしこの文庫を手に入れることが出来たら、じっくり味読してほしい。私たちに学ぶ気持があれば、様々なことを中村光夫と蓮實重彥から学ぶことが出来るはずである。

私の個人的な〝思い〟としては、筑摩書房の主催する文学賞の候補作に選ばれて〝デビューした時〟、同社の編集者だった詩人の吉岡実と親しく会話をするようになって、つくづくといった調子で彼の言った「美恵子に古田をあわせてやりたかったねえ」という言葉である。むろん、その頃の私は無知な若い娘で、中村光夫の文章も読んだことはなく、筑摩書房と言えば、『石川淳全集』だったくらいで、古田晁の名前も、当然知るはずもなかった。

吉岡実はいわゆる〝上手な〟話し方をするタイプではなかったから、私は『文学回想憂しと見し世』を通して、彼が「古田」がどういう人物であったか、何を語りたかったかを知ったと言う気がして、自分が何かに決定的に「遅れて来た」という気持になりもするのだが、それが「何」であるかは、今書くべきことでもあるまい。

中村光夫の回想録の「独特なカギ括弧の使用」について蓮實重彥は「中村氏の愛読するフローベールの小説のイタリック体の使用に似ているのではないかと思いあたる」ことを「推測にとどめ、解説文を次のように結ぶ。「ちなみに、『憂しと見し世』が刊行された三年前に、中村光夫氏は『ボヴァリー夫人』の翻訳を数年がかりで完成されている。」

この結びの文章を読むと、私は『今はむかし——ある文学的回想』のページを開いて、中村光夫がまだ若い仏文学の学生だった時代をふり返って、「フロオベエル」について書いている文章を読みかえし、葉山の空別荘ではじまったひとり暮しについて、「松林の上にのぼってくるシリウスやオリオン座をながめながら、アルヌー夫人とフレデリックの出会いに心をときめかすのは、教室では得られない楽しみでした。」と書いているところを読んで、『感情教育』の冒頭部分を読みかえすのである。

（かない・みえこ　作家）

中村光夫『今はむかし——ある文学的回想』中公文庫、一九八一年
同『文学回想　憂しと見し世』中公文庫、一九八二年

五十路を過ぎて見えてくるウラのウラ

――古今亭志ん生『なめくじ艦隊』

平松洋子

つい先日、「江東区深川江戸資料館」に寄った。深川の芭蕉記念館を訪ねたあと、ついでに足を伸ばす気になったのである。ここには、江戸時代が終わろうとする天保期、深川の家並みや庶民の生活ぶりが忠実に再現されている。

一軒ずつ長屋を巡ったり、路地裏を歩いていると、郷愁や充足がふくらんできて離れがたい。二十数年前に訪れたときにはなかった感情で、少し動揺した。

年齢を重ねると、見たもの、聞いたものが以前とは違う色合いを帯びて現れることしばしばである。とりわけ、ひさしぶりに読み返した本に虚を突かれることが多い。こんな大事な言葉があった、この一行を読み逃していた……うかつな自分に苦笑したり焦ったり、ページをめくる指がもつれたりする。

『なめくじ艦隊』も、私にとってそんな本のひとつだ。五代目古今亭志ん生の自伝的芸談ともいうべき一冊で、神田生まれの出自に始まり、戦前から戦中、戦後の暮らしぶり、落語家たちとその周辺まで、縦横無尽に語り尽くす。

三〇年近く前に初めて読み、それから何度か読み返しているが、数年前、ふと気が向いて書棚から取り出したことがある。あらためて読んでいると、以前はそれほど感じていなかったたぐいの陰影や埃や匂いが行間から複雑に絡みながら立ち上がってきて、しかも恐ろしげな切れ味まで迫ってきたからぞくっとさせられた。

ちょっと待った、と、自分にツッコミを入れる。『なめくじ艦隊』は、自分が知っていた（読んでいた）のとは違う本じゃないか？

志ん生の本名は美濃部孝蔵、明治二十三年生まれ。祖父は徳川幕府で槍の指南番を勤め、父は巡査。一三、四の頃から酒屋の軒先で冷や酒をあおり、賭場にも出入りして親を嘆かせていたのだから、そもそも一筋縄ではいかない〝素養〟を持ち合わせていた。

少年が落語に縁ができたのは足繁く寄席に通っていたからで、誘われるますんなりと落語家に弟子入りし、稽古に励むようになったという。とくに出世欲はなかったけれど、「何だかんだやっているうちに、ほんのタタミの目ほどの目立たなさで、あたしの位置が自然自然と上がってきた」。

とはいえ、興業中の旅先で留置場に入れられたり、博打にうつつを抜かしたせいで新婚早々なのに家賃をためて長屋を追い出され、窮乏して納豆や醤油を売ってみたり、貧乏話のオンパレード。書名「なめくじ艦隊」は、子どもを取り上げてくれた産婆さんに支払う金もなく、家賃がタダと聞いて引っ越した長屋の壁に大量のなめくじがうねうねと這い回っていた情景にちなむ。

そうか、と読みながら気づく。以前は、一六度も芸名を変えた志ん生の破天荒な人物像や暮らしぶりに気を取られていたようだ。しかし、いま読めば、「噺家はゼニがなくてもおもしろいよ、というところから噺になるんですよ」という一文に、ぎょろりと動く志ん生の冷徹な目玉を感じ、背筋になにやら冷たいものが流れる。落語は「粋《すい》なもの、おつなもの」、しかし、「粋」「おつ」の裏側には魑魅魍魎《ちみもうりょう》が蠢いている、と言外に語るのである。

落語の真髄を、志ん生はこう言い切る。

「噺てえものは、親の財産なんぞをたんまりもらって、ボーッとなんとなく育ってきたような人が聞いても、ほんとうの落語の面白好味というが、それがわかるもんじゃないんですよ。その意味からいえば、ほんのある一部の人が聞いて喜ぶべきものなんですね。

世の中のウラのウラをえぐっていく芸なんですから……」

五〇を過ぎたら、「世の中のウラのウラ」がちらちら見えてくるもの。志ん生の口から出る「えぐっていく芸」という言葉がまた恐ろしく、落語は「ほんのある一部の人が聞いて喜ぶべきもの」というくだりを二度、三度と読んでは志ん生に引導を渡された気分になって天を仰ぐ。そんなふうにして、『なめくじ艦隊』を読み返すのに時間がかかって仕方がないのだった。

（ひらまつ・ようこ　作家、エッセイスト）

古今亭志ん生『なめくじ艦隊――志ん生半生記』ちくま文庫、一九九一年

時を経て立ち戻った場所

――セネカ『人生の短さについて』

四方田犬彦

一万冊の書物をそれぞれ一度しか手に取ろうとしない人は不幸であると思う。なぜならいつも同じ、単一の書物を読んでいるにすぎないのだから。本を読むことの本当の面白さは、それをいくたびも繰り返し読むところにある。時間をおいて、こちらの関心や目的がすっかり変わってしまった後に、かつて親しんだ書物を取り上げてみる。それはまったく異なった姿を見せることだろう。一冊の書物の内側に隠されている複数の書物が、そこで読む側にむかって開花してみせるのだ。

長い間、マルクス・アウレーリウスに親しんでいた。彼について書物を著したこともある。この清廉潔白なローマ皇帝は、いたずらに書物を読むことの愚を説き、心を想像力から解き放って清浄な場所に置くことを徳とした。権謀術策が飛び交う宮殿にあって、妻の不貞の噂に苦しみながら、かかる禁欲の掟をみずからに課した。自分にむかって、そうあるべきと懸命に語りかけた。

わたしはマルクスに敬意を感じたが、いつからか簡素な文体で記されたその高潔な人生観を前に、いくぶんか息苦しさを感じるようになった。そのとき、わたしはセネカに立ち戻った。若き日に垣間見たものの、その文体を冗長な饒舌だと誤解して遠ざけたままになっていた文庫本を、書架の奥から取り出し、もう一度虚心に読み直そうと決めた。四〇年の間にセネカはみごとな変身を遂げていた。冗長だと見えたものは文彩の優雅であり、単純な断定を避け、論じるべき問題にむかって様々な角度から接近しようとする態度の現われであった。饒舌だと忌避したものは、性急な年少者の逸《はや》る心を落ち着かせ、おもむろに腰を上げて語り出そうとするときの修辞だった。セネカはマルクスのように、落ち着かぬ自分の心を律するようにして筆を執ったのではない。若干の体験こそあれまだ経験の成熟に到達できずにいる真摯な青年にむかい、経年に由来する処方を語っていた。それを叡智と呼ぶか、老獪と呼ぶか。わたしは文庫本に飽き足らず六巻の翻訳全集を求め、偽書とされる書簡までに手を伸ばした。

セネカはイエスとほぼ生年が同じである。彼はカリグラ、クラウディウス、そしてネロという、悪名高い三人の皇帝に仕え、ご意見番として権力の近傍にありながら波乱万丈の人生を送った。流刑と名誉回復。蓄財と財産返還。クラウディウスが脱糞の最中に死ぬと、天界の神々はいっせいにこの独裁者の到来を拒絶した。彼は心ならずも冥界に降下して嘲罵の対象となった。セネカはこうした諷刺戯作を平然と発表した。いかに賢人といえども、このような気質の者が畳の上で死ねるわけがない。最後にはネロの手で悲惨な自決を命じられている。

わたしは徐々に流れに足を取られてしまい、落ちていくのではないでしょうか。いや、もうすでに、自分が認める以上に落ちて行っているのかもしれません。人は、他人の追従によってより、自分の自分に向ける追従によって滅びることの方がはるかに多いからです。この船酔いのような苦しみを押さえてくれる薬はないでしょうか。こうした若者の訴えに対し、セネカは答える。

人にはいわなかったが、自分もまた同じことに悩んできたよ。だがそれは、長い間の重い病気から回復した者が、その後で微熱や軽い不快に捕らわれるたびに、すでに健康であるにもかかわらず、大げさに医者に訴えるのと同じなのだ。その人は健康でないのではなく、ただ健康に慣れていないだけなのだ。自分を攻め立ててはいけない。

あちらこちら、さまざまな方向へと走る人々の動きに巻き込まれず、自分は正道を歩いているのだと信じることだ。おのれを高めも低めもせず、つねに平坦な道を歩むことだ。

「心の平静について」にある一節を要約してみた。おそらくわたしはこれからの人生で、この一節を繰り返し読むことになるだろう。

（よもた・いぬひこ　映画誌・比較文学研究家、エッセイスト、詩人）

セネカ著、茂手木元蔵訳『人生の短さについて』岩波文庫、一九八〇年
※現在入手しやすいものは、大西英文訳『生の短さについて』岩波文庫、二〇一〇年／中澤務訳『人生の短さについて』光文社古典新訳文庫、二〇一七年など

「東海道」（川端康成）
『70歳の日記』（メイ・サートン）
『なめくじ艦隊――志ん生半生記』（古今亭志ん生）
『21世紀への階段――40年後の日本の科学技術』（科学技術庁編）
『尼僧の告白――テーリーガーター』
『博士の愛した数式』（小川洋子）
『橋ものがたり』（藤沢周平）
『晩菊・水仙・白鷺』（林芙美子）
『風土――人間学的考察』（和辻哲郎）
『文学回想　憂しと見し世』（中村光夫）
『文明の生態史観』（梅棹忠夫）
『歩道橋の魔術師』（呉明益）
『ホモ・ルーデンス』（ヨハン・ホイジンガ）
『ホワイト・ティース』（ゼイディー・スミス）
『万葉集』
『無人島のふたり――120日以上生きなくちゃ日記』（山本文緒）
『桃尻語訳 枕草子』（橋本治）
『幽明録・遊仙窟 他』
『酉陽雑俎』（段成式）
『リグ・ヴェーダ讃歌』
『冷血』（トルーマン・カポーティ）
『列仙伝・神仙伝』（劉向・葛洪）
『論語』
『わが荷風』（野口冨士男）
『私のなかの東京』（野口冨士男）

『後世への最大遺物・デンマルク国の話』（内村鑑三）
『こぐこぐ自転車』（伊藤礼）
「じいさんばあさん」（森鷗外）
『自転車ぎこぎこ』（伊藤礼）
『渋江抽斎』（森鷗外）
『詩ふたつ』（長田弘）
『十二人の手紙』（井上ひさし）
『春秋山伏記』（藤沢周平）
『昭和16年夏の敗戦』（猪瀬直樹）
『神曲』（ダンテ）
『人生の短さについて』（セネカ）
『雀の手帖』（幸田文）
『聖書　聖書協会共同訳』
『せいめいのれきし』（バージニア・リー・バートン）
『相互扶助論』（ピョートル・クロポトキン）
『捜神記』（干宝）
『大東京ぐるぐる自転車』（伊藤礼）
『タオ自然学――現代物理学の先端から「東洋の世紀」がはじまる』（フリッチョフ・カプラ）
「高瀬舟」（森鷗外）
『たそがれ清兵衛』（藤沢周平）
『ちいさいおうち』（バージニア・リー・バートン）
『チャーリーとの旅』（ジョン・スタインベック）
『ツァラトゥストラ』（フリードリヒ・ニーチェ）
『土を育てる――自然をよみがえらせる土壌革命』（ゲイブ・ブラウン）
『ツバメ号とアマゾン号』（アーサー・ランサム）
『ティファニーで朝食を』（トルーマン・カポーティ）
『定本 育児の百科』（松田道雄）

本書に登場する書名リスト（50音順）

『青い麦』（シドニー＝ガブリエル・コレット）
『芥川竜之介紀行文集』（山田俊治編）
「阿部一族」（森鷗外）
『ある革命家の思い出』（ピョートル・クロポトキン）
『今はむかし――ある文学的回想』（中村光夫）
『悦ちゃん』（獅子文六）
「興津弥五右衛門の遺書」（森鷗外）
『オセロー』（ウィリアム・シェイクスピア）
『お楽しみはこれからだ――映画の名セリフ』（和田誠）
『オーパ！』（開高健）
『おはん』（宇野千代）
『鍵』（谷崎潤一郎）
『硝子戸の中』（夏目漱石）
『ガラスの動物園』（テネシー・ウィリアムズ）
『ガリア戦記』（カエサル）
「寒山拾得」（森鷗外）
『漢詩鑑賞事典』（石川忠久編）
『元祖スバラ式世界』（原田宗典）
『がんばれヘンリーくん』（ベバリイ・クリアリー）
『ギャンブラーが多すぎる』（ドナルド・E・ウェストレイク）
『クマのプーさん　プー横丁にたった家』（アラン・A・ミルン）
『くもをさがす』（西加奈子）
『君主論』（ニッコロ・マキアヴェリ）
『原文　万葉集』

初出：「婦人公論.jp」2021年10月18日～2023年9月18日

本書は、中公文庫創刊50周年を記念して企画した、50歳以上の書き手50人によるリレー連載「50歳からの読書案内」を書籍化したものです。

50歳《さい》からの読書案内《どくしょあんない》

2024年1月25日　初版発行

編　者　中央公論新社《ちゅうおうこうろんしんしゃ》

発行者　安部 順一

発行所　中央公論新社
〒100-8152　東京都千代田区大手町1-7-1
電話　販売 03-5299-1730　編集 03-5299-1740
URL https://www.chuko.co.jp/

DTP　平面惑星
印　刷　図書印刷
製　本　大口製本印刷

Published by CHUOKORON-SHINSHA, INC.
Printed in Japan　ISBN978-4-12-005736-6 C0095

定価はカバーに表示してあります。落丁本・乱丁本はお手数ですが小社販売部宛お送り下さい。送料小社負担にてお取り替えいたします。

中央公論新社の本

文庫の読書

荒川洋治

文庫愛好歴六〇年の現代詩作家が、読んで書いた文庫をめぐるエッセイを自ら厳選。文庫オリジナル編集で贈る、文庫愛読者のための文庫案内全一〇〇冊。

中公文庫

中央公論新社の本

文庫で読む100年の文学

沼野充義／松永美穂／阿部公彦／読売新聞文化部 編

二一世紀に読み継いでいきたい文学作品とは。第一次世界大戦前後から一〇〇年の海外文学六〇冊、日本文学四〇冊を厳選。ポケットに入る世界文学全集の提案。

中公文庫

中央公論新社の本

読書について

小林秀雄

「批評の神様」はどのように読み、書き、ものを見たのか。読書技法や良い文章とは何かなど、実践的アドバイスに溢れるエッセイ集成。〈解説　木田元〉

単行本